服务立国论

[日] 森川正之 著
魏海波 谭冰 关玲 译

广西师范大学出版社
·桂林·

序言

服务立国论：从制造业到服务业

老龄化加剧，人口数量不断减少，经济全球化的潮流不可阻挡。在这样的大背景下，经济已然处于成熟阶段的日本应如何保持其经济活力，取得更好的发展呢？关于这个课题，本书将以“服务经济”为切入点进行探讨。

提高日本经济的潜在增长力，关键在于提高服务产业的生产率。政府在制定经济增长战略以及相关经济政策之时，也将服务产业的活性化和生产率的提高定位为非常重要的经济支柱。从半个世纪前提出“二元经济结构理论”至今，如何应对经济服务化，一直是未解的课题。

从政策层面上看，早在1970年初——化学重工业的鼎盛时期，产业结构“知识积累”的必要性就已经被论及。这是一个非常有前瞻性的观点，即便到了现在也依然成立。已经步入经济成熟阶段的日本，从以制造业为中心的经济结构、经济制度转为知识、信息密集的服务型产业，同时进一步提高现有服务产业的效率，“服务立国”势在必行。

但是，关于服务产业的实际状况，仍然缺乏实证分析的数据，相关的论点均是基于逸闻逸事，或来源不明的社会通识。本书将尽可能统计客观数据，在国内外相关理论和实证研究的基础上，纠正大家对服务产业的一些误解，同时提出适合服务经济时代的相关政策。

服务经济学

服务与实物不同，具有某些典型特征。服务产业（本书中，服务产业是包含批发零售业、运输业、住宿业、餐饮业以及专业技术服务行业等广泛的概念）与工业、农业等制造产业在多方面存在差异。

第一点，一般情况下，服务产业中的生产活动和消费活动同时进行，不存在“库存”这个概念。就耐用品而言，二手商品市场是存在的，但是二手服务市场不成立，这是服务产业的特性决定的。批发业和零售业看似存在库存品，但是只要把商品看作流通的库存品，那么销售这种服务形式也不存在库存。

所谓的同时进行，进一步分为两个侧面：①时间上的同时性，即处于同一时刻；②空间上的同时性，也就是说，生产行为和销售行为发生在同一地点。随着互联网等信息技术的发展，也出现了一些不受同时性限制的服务形式，但仍然有许多服务是具备这个性质的。

其结果是，所需时间的不同与地理位置的分布都对服务业企业的生产率产生很大的影响。货比三家、自主购物等，在生产时已存在购买者的劳动投入，所以很难准确地计算出生产率，这也是由服务产业的特性所决定的。如何应对时间上的同时性呢？通过设定高峰时段和非高峰时段，高峰时段所需支付的金额高，非高峰时段所需支付的金额低，从而有效地控制需求平衡，当然也需要灵活地调整劳动投入量。调整的程度由劳动时间制度、非正规雇佣制度等各种各样的劳动市场制度而定。

谈及空间上的同时性，可马上联想到高额的运输费用，由此产生了以下两个现象：①在人口密集的大都市，服务产业生产率更高；②相比实物类型的贸易，服务类型的贸易很少。若想以服务经济学激活地方（除东京以外的日本地区）经济，必须要考虑到这一点。在本书的许多章节，均涉及“生产和消费的同时性”这一服务业的固有特性。

第二点，服务质量的好坏很难在事前进行判定。也就是说，只有在购买活动结束之后，才知道服务好不好。人际接触型服务，比如饮食行业、酒店旅馆、医疗机构等，许多人在实际感受服务之后，才发现与自己的预想相距甚远。商务类型的服务，如各种调查、广告、法律咨询、会计等，大多数情况下，也只有在接受服务之后，方能判断服务质量的好坏。政府机关进行招标的时候，比起商品等实物的标书，服务类型的标书往往有更大的技术难度，经常事与愿违。

也就是说，在服务中，买方与卖方常发生“信息不对称”的情况，市场调控机制很难发挥作用。因此才会制定各种各样专门针对服务行业的社会规章制度，如资格审核制度、从业资质等。制度的设计是否合理，直接影响着市场的效率和活力。从服务型企业的立场来看，品牌效应发挥着很大的作用，另外，相较于其他行业，老顾客的价值更高。

企业之间发生的服务类交易中，通过营业活动构筑的信任关系，以及长期稳定的合作关系，都是非常重要的。这一点将联系到本书第 3 章所论述的无形资产的作用。本书第 6 章会谈到：为什么服务类型的贸易存在很高的国界屏障，这不仅因为物理性的距离很远，而且两国间制度与习惯的差异，导致很难对服务的质量进行评价。

第三点，市场服务与家庭内的服务生产、企业内的服务部门可实现相互转化。举一个浅显易懂的案例，保姆这种服务形式从很早以前就有了。随着越来越多的女性进入社会谋职，以及日本老龄化趋势越发严重，在我们思考人际接触类服务时，必须考虑这些。保育类型服务（照顾小孩）和看护类型服务（照顾老人）的市场需求不断扩大，这不仅帮助全职太太们走出家庭，走进社会，同时为她们提供了大量的工作机会。

在各个税种当中，消费税对劳动供给和投资的限制相对较小，对经济发展的负面影响也相对较小，但是，对家庭内的服务生产征收消费税是不可能的。因此，从财政可持续的观点出发，一旦提高税率，市场服务有可能转化为家庭内生产服务。本书第 1 章谈到少子老龄化、人口减少与服务产业的关系，第 4 章谈到大都市圈有关保育服务供给的论点，都与服务的这一特征息息相关。

再看企业的情况，以总公司总务、人事、会计等部门为首，企业内部服务生产活动所占比例较大，同时，企业内部的服务需求也可依赖于外部的服务市场。就服务行业而言，以前就存在内部制造和外部制造的选择问题。另外，多数企业无法在公司内部完成钢铁、机械的制造。与此相对，公司内部的服务部门也多种多样，随着专业服务的发达，从企业内部扩展到外部的空间也不断增大。Call center（呼叫中心）就是一个典型的案例，最近 Call center 的会计、人事等相关业务逐步向外扩展。

综上所述，以服务产业为对象进行分析，探讨相关制度、政策之时，我们必须考量服务行业有别于制造业的特殊性质。

服务决定日本经济的未来

服务产业在日本经济中所占比例超过七成，因此，服务产业生产率的高低，在很大程度上决定了日本中长期的宏观经济增长率。从有效求人倍率①和失业率来看，日本几乎达到 100%的雇佣状态，但日本的经济增长率却不足1%，所以，并非需求达不到，而是劳动力供给力的最高限度限制了经济的发展。不仅在经济增长层面，随着老龄化不断深入，以医疗、护理行业为典型代表，对人的需求将会进一步扩大。是否能有效地提供相应服务，是左右国民经济生活的重要因素。

另一方面，人工智能（AI）、大数据、机器人等技术革新吸引了全世界的目光。二十多年前，即 20 世纪 90 年代中期，美国爆发“IT（信息技术）革命”，加快了生产率的增长速度。比起计算机产业以及通信产业等 IT 生产产业，我们将更多的目光和期待放在了以服务产业为中心的 IT 利用产业。纵观历史，随着蒸汽革命和电力革命的爆发，诞生了许多利用蒸汽和电力的新产业，这些新产业成为经济增长的动力。再看现在，AI、机器人等技术革新都是通用技术，可以应用到许多不同的领域，可见 AI 利用产业的重要性。而服务产业，就是潜力非常巨大的 AI 利用产业。

诚然，服务行业在市场经济中占有相当的比例，但本书并不仅限于探讨如何提高服务行业的生产率，在日新月异的科技发展和激烈的全球竞争中，笔者还想论证服务行业发挥的巨大作用。为什么美国制造业的比例已缩小一成左右，还能保住世界经济领头羊的地位呢？那是因为谷歌、Facebook（脸书）、星巴克、沃尔玛等新兴服务业的崛起和发展带动了整个美国经济。中国

① 用人需求与求职人数比。

素有“世界工厂”之称，即便在中国，服务产业的比例也超过50%，在信息服务领域出现了许多全球性的大企业。

日本的老龄化现象正以一种前所未有的速度不断深入，若通过AI、大数据、机器人等科技革新，创造出一种新型服务模式以满足国民的需求，日本有望成为引领世界经济的力量，而服务业也将成为日本经济中最具前瞻性的领域。

为了不引起读者的误解，笔者必须强调一点，本书并不是主张制造业不重要。制造业是一种典型的贸易产业，对日本经济而言，是必不可少的出口产业。同时，它作为转移产业，是促进国内各地区经济循环的核心力量。但是，现代制造业附加价值的源泉早已从制造过程，转移至产品开发、设计、市场营销、售后等各种服务项目，最终发展成为“没有工厂的制造企业”。

针对全球附加价值链的研究结果表明，优秀的服务部门有助于增强制造业的国际竞争力。服务部门不仅涉及服务业自身的经济增长，还有可能对日本制造业的未来产生巨大的影响。

各章节的主题

本书针对服务经济进行多方位的考察，为了让读者更清晰地把握整体的构造，现就各章所涉及的内容做简单介绍。

第1章“服务化已成为日本经济主流”，首先针对日本经济中服务产业的重要性，以及服务领域中不同行业、不同企业间的多样性，向读者呈现一些我所观察到的事实。进而，针对服务的需求方和提供方不同的运作机制再做一番说明。在全球分工体系逐步明确的过程中，制造业的服务化如何发展？在“少子老龄化”不断深入、人口减少进一步恶化的背景下，服务产业的构造将如何变化？

第2章“经济服务化和生产率、经济增长”，主要论述服务经济化与生产率、经济增长的关系。首先，笔者将简单解释“生产率”的概念，通过实证数据将日本服务产业的生产率与制造业和诸国做对比。通过有效利用规模经济促进产业内部的更新换代，提高经营质量，改善企业管理机制，可大大增强日本服务产业的总体生产率，进一步则可决定今后日本经济的发展空间。

第 3 章“服务产业的革新”，不仅涉及研究开发，还考察了无形资产的投资以及 IT 技术的活用。主要内容包括以下四个方面：①在服务业中，虽然数量不多，但也存在一些革新型的企业；②包括研发在内的无形资产的投资因为源于外部财政而受到限制，金额和数量都不具规模；③培养技术卓越的劳动力和构筑人才网络的重要性；④以 AI、大数据、IoT（物联网）、机器人为代表的“第四次产业革命”有可能为服务业带来飞跃的发展。

第 4 章“服务经济与劳动力市场”，将焦点放在雇佣关系、工资水平等劳动市场因素与经济服务化之间的联系上。一方面，服务产业能提供大量的就职机会，尤其针对女性和年龄较大的求职者。另一方面，服务业与职业“两极分化”问题关系紧密，为了提高服务从业者的工资水平，提高人力资本投入是必不可少的。另外，着眼于各地区的劳动市场，针对人口城市化、女性就业、公共服务的现状本章也有所探讨。

第 5 章“城市、地区经济和服务业”，从城市、地区经济的视角探讨服务产业的布局和生产率。纵观服务企业、事务所的地理分布，具有“都市型产业”特征的知识集约型服务行业不可避免地集中到大城市，那么，在日本总人口不断减少的背景下，为了提高服务产业的生产率，城市的集中化、人和企业的地理性移动、大城市土地的有效利用等涉及“选择与集中”的政策必不可少。

第 6 章“国际化服务产业”，有关全球化与服务业之间的联系，笔者将着眼于以下几点：服务贸易，服务领域的直接投资，通过国际附加价值链实现服务间接出口的扩大，等等。发达国家如何通过技能人才增强服务生产活动中的自身优势，如何通过本国内优秀的服务体系提高制造业的国际竞争力？另外，服务产业的对内直接投资、启用高技能外国人才和有关日本经济开放性的意义也将在本章谈到。

第 7 章“服务业和经济波动”，针对服务经济化与经济波动的关系进行论述。服务产业的动向对判断经济形势是非常重要的指标，服务业物价的动向会告诉我们是否成功摆脱了通货紧缩。另外，为了刺激企业积极的投资行动，应尽量减少对政策前景的怀疑。

第8章“服务经济下的政策问题”，在各章论述的基础上进行总结。服务产业与经济社会的整体制度、惯例息息相关，政策的讨论不应只停留在行业层面，雇佣政策、地区政策也是需要探讨的问题，我们应从更高的角度、更广的格局出发，重新审视日本经济的基本制度。以提高生产率为目的的政策，有可能会损害其他的社会价值，其应对措施也需重点思量。

本书的主旨

服务业是牵引日本未来经济的巨大力量；“大规模经济”和“小范围经济”的活用方式；通过提高经营质量，促进行业的新陈代谢，能在很大程度上提高服务产业的生产率等为本书一以贯之的主旨。另外，前文中已谈到，大多数服务业都具有“生产和消费的同时性”“评价品质的困难性”等特征，所以，社会经济结构对生产率造成影响的各个方面，如人口和企业的地理分布、个人时间的使用方法和运作方式等，我都将进行细致的分析和论证，当然，必须以可信的证据和数据为基础。

其结论就是，是否能创造出优秀的服务性企业，是否能提高服务产业的整体生产率，关键在于国土城市计划、劳动市场制度、纳税制度、企业法制、服务业的规章制度，以及对外开放等一系列制度的设计，设计的优劣将会决定服务经济的整体表现。

另一方面，以提高服务行业生产率为目的的政策，有时会与一些别的政策产生矛盾，如所得分配的公平性、雇佣稳定性、缩小地区间的收入差异等。换句话说，有时为了提高生产率，不得不牺牲其他的政策目标。在具体决定每一项政策、每一个制度的时候，政策间的矛盾会大大增加制度改革的难度。比如，我们为一个政策设定数个目标，要求提高生产率同时又兼顾公平原则，这样的政策或是不存在，或是各自让步，最后达成折中方案。有多个政策目标的情况下，准备多项政策手段，分别选取对目标产生直接效果的政策，这就是政策分配的原则。

为了让服务行业在日本经济中发挥应有的作用，制定政策之时，面对相互矛盾的政策目标，应充分活用政策分配的原则，将不同的政策手段进行合理组合配对。另外，在必要之时，还可补充一些政策，以确保服务业政策的完整和高效。

本书的特征

关于服务产业的生产率，我已在两年前公开发行的《森川，2014a》中做过整理。该书在专业领域得到了一定的好评，对此我深感荣幸。但是，由于该书学术专业性过强，也许不太适合政策制定或企业经营相关人士。本书基于之前的分析结果，进一步扩展延伸，不限于生产率的问题，而是以服务经济为切入点讨论整体的日本经济和产业构造，用语解说尽量做到简单明了，希望对经济政策和企业经营等相关人士有所裨益。

同时，笔者也将最新实证研究成果放入本书，希望对研究者有所帮助。具体而言，两年前发表的书中还残留一些待解决的课题，本书从这些课题入手，阐述了有关服务产业创新、服务企业的全球化、服务业和经济波动的关系等一系列新近研究成果。以上成果是由“企业活动基本调查”“特定服务产业事情调查”（均出自经济产业省）等政府统计数据，或是自己独立实施的企业调查的微观数据得到的。

各章运用统计数据、观察具体案例而得到的事实总结、国内外相关理论以及实证研究结果、笔者分析微观数据的成果等进行考察，将结论均衡有序地放入本书中。从书籍的特点上看，本书尽量避免一些计量分析推测结果的详细数据，而是将最本质的部分通过图表的形式进行表述。计算方法等技术性的细节，尽量不以主文的形式，而是记载在注释或者图表的脚注中。这样的书籍都会涉及大量的参考文献，为了方便读者能够更加深入地了解，我认为明确写出原本的论文和参考文献是非常有价值的。

最后，之所以将书的题目定为《服务立国论》，是因为本书不仅涉及服务产业，还论及制造业的服务化以及企业总公司的功能等，虽然这些并不是服务产业，但作为将来日本非常重要的、充满活力的服务形式，也将在本书中加以探讨。

目录

第1章　服务化已成为日本经济主流

本章将总体把握日本经济服务化的现状，同时考察其背后的运作机制。在日本，虽然“制造业立国”的概念根深蒂固，但服务产业所发挥的经济作用越来越大。今后，在需求方、供给方的要求之下，经济服务化的趋势将会持续。

不仅服务产业本身的发展非常重要，对生产业而言，生产过程中的服务品质也决定了制造业的生产率和国际竞争力。在服务行业中，随着技术和人口的动态变化，有些业种在发展，有些在衰退，今后产业结构的变化也不会停止。能够在多大程度上提高服务产业的生产率，决定了日本经济的未来。

1. 服务产业的重要性不断提高

产业结构、就业结构的服务化

我们都知道，以重化工产业为中心的制造业曾经是引领日本经济高速增长的重要力量，即便到了现在，日本仍然被定义为“以制造业为基础、贸易立国”。其实，日本早已进入服务型社会。基于“国民经济计算”的各产业附加价值，1955年以后的产业构造变化如图1-1所示。因为该图的目的是分析各产业的构成比例，所以将不同年份的三大产业的占比绘制成图。

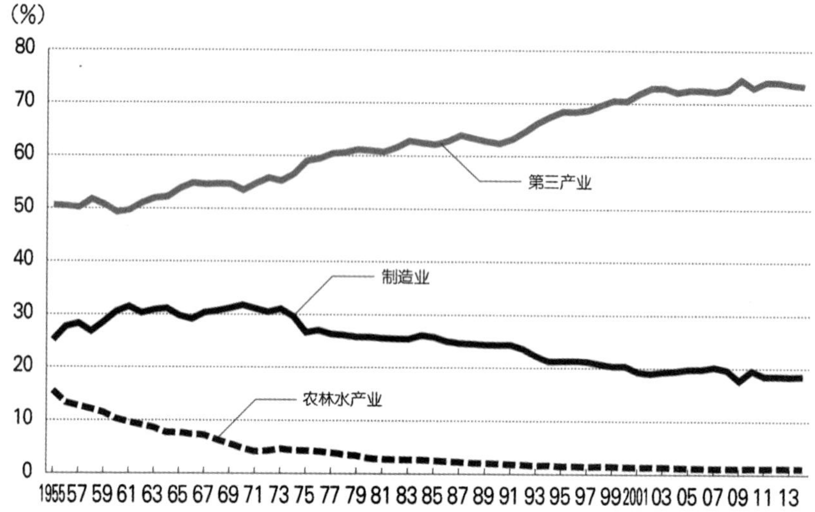

图 1－1　日本产业构造的长期推移（1955—2014 年）

（注）根据“国民经济计算”（内阁府）制成。

日本经历经济高速增长期后，制造业的附加价值不断上升，1970 年达到顶峰，占总比例的 32%。但之后开始下滑，2014 年已经降至 19%。与此相对，服务产业（包括政府服务的第三产业）所占 GDP（国内生产总值）份额在 1970 年便达到 53%，超过了半数，之后仍然不断上升，2014 年增至 73%（请参照图 1－1）。即便只看狭义的“服务业”（不包括政府服务），2014 年的数据是 23%，同样超过了制造行业的占比。在第三产业中，服务业、信息通信业的占比不断增大，而批发、零售业的占比不断减少。

以现在的 GDP 统计方式能够追溯到 1994—2014 年的 20 年间，以实际 GDP 增长率为基准，比较制造业和服务行业对经济的贡献度，制造行业是 42%，服务行业是 80%（农林水产业、矿产业、建设行业贡献的 －21% 并未包含其中）。除去物价变动的影响，仅看实际 GDP，由于制造行业的增长率比较高，所以制造业对 GDP 的贡献度高于 GDP 中制造业的占比。但是，即便如此，从整体上分析日本经济增长，服务业的贡献已趋近于制造业的两倍。由此我们不难看出，服务产业的兴衰决定了整个日本经济的发展。

为了让读者有更清晰的认识，笔者研究了 2012 年“经济统计活动调查报告”（总务省），观察不同业种的销售额。发现娱乐行业（25 万亿日元）已经超过了钢铁业（19 万亿日元）和电器机械制造业（15 万亿日元），须知钢铁行业曾经是主导日本经济的、非常具有代表性的重化工行业。另外，仅婚丧嫁娶行业（1.9 万亿日元）的销售额就已超过了林业和渔业（数据来自农林水产省的“农林业调查报告”）的生产额（1.8 万亿日元），几乎与大米的生产额（2.0 万亿日元）持平。

从就业结构中也可清晰地看出经济服务化的趋势。根据“国势调查报告”（总务省）中的长期数据分析，制造业的从业人员比例在第二次世界大战后一度减少，之后持续增加，1970 年达到了峰值 26%。自此进入下滑阶段，2000 年跌破了 19% 和 20%，2010 年已降至 16%。与此相对，服务业的从业人员比例在 1950 年不到 30%，之后进入上升期，1975 年已过半数达到 52%，2010 年超过七成增至 71%。

再从不同职业种类进行分析，“生产工程从业者”的比例自 1970 年的 32% 下降至 2010 年的 14%，而“服务行业从业者”从 6% 增至 11%。进一步细化工作种类，比如洗衣、理发、美容、洗浴行业（104 万人），老人福利、护理行业（134 万人）的从业人数已经超过了日本最具代表性的出口行业——汽车制造业（83 万人）。

所以，无论是附加价值的数据，还是从业人数的数据都表明：制造业在日本经济中的占比已不足两成，未来日本经济的发展和兴衰在很大程度上仰仗于服务业。

不断成长的服务企业

从上市企业的销售额和经常项目项下的利润来看，丰田、本田、日产汽车等汽车企业与日立、索尼、松下等电器机械企业的排名比较靠前。同样，伊藤忠、丸红、三井物产等综合性商社（产业分类中的批发业）、NTT（日本电信电话）、SoftBank（日本软银集团）、AEON（永旺集团）等服务业企业也在上位圈。

根据经济产业省主导的“企业活动基本调查”（也包括非上市企业）的相关数据，将2001—2012年期间存续的1.7万家公司（其中制造企业占比50%，服务业企业占比47%）进行排名，选出销售额增长率最高的前100家公司，其中有29家公司属于制造业，而68家公司属于服务产业。上述高速成长的企业在该期间内，无论是销售额还是雇佣人数都增长了5倍以上。由此可见，近年来高速发展的企业中，服务产业比制造产业的数量更多。

企业研究表明：创业年限较短的“年轻企业”倒闭风险更高，为了存活下来，必定需要很快的增长速度。通过“企业活动基本调查”进一步比较制造业与服务业企业的年龄，前者的平均年龄为48年，后者的平均年龄为39年，这两个数字比其他国家都高出很多，同时我们也能确认日本的服务业企业较制造业更为年轻。

渗透到政策拟定的服务产业的重要性

20世纪90年代初，日本泡沫经济崩溃，此后日本经济一直持续低空飞行，这段时间被称作“失去的20年”。2012年末，第二次安倍政权启动，在“安倍经济学”的指导下，日元汇率上涨、股价上升、企业收益改善，在许多方面都看到了明显的效果。失业率降至3%上下，有效招聘倍率超过1，企业对人才的需求量超过了应聘人数，劳动市场的需求和供给相当紧凑。因为需求的增加，经济增长率在短期内不断增高，但是，劳动力等经济后备补给能力如果停留在较低的水平，供给能力迟早会到达“天花板”。换而言之，为了提高经济增长率，提高供给方的潜在增长率比创造需求更为重要。

为了提高日本经济的潜在增长力，提高服务产业的生产率已经多次成为政策制定的重要课题。比如，早在约十年前，在《经济财政改革的基本方针2007》中，就已经把“服务革新战略”作为经济增长政策的顶梁柱。制造业在日本经济中的占比已不到两成，想要以制造业来拉动日本总体经济，其力量是有限的，所以才将目光对准服务业。但是，由于之后美国爆发次贷危机，世界经济情况急转直下，政策方的关心转移到需求的扩大，而供给方的生产率提高问题则被忽视了。

直到最近，《有关服务产业高附加价值化研究会报告书》（经济产业省 2014 年）完成总结，该报告从服务革新的推进、服务产业的新陈代谢、对应地方人口减少的服务事业环境的改善等方面提出了建言。另外《经济财政白皮书（平成二十六年版）》（内阁府）中专门设有一个章节，重点论述服务产业的生产率，针对人口减少、老龄化背景下的服务产业的实际状态，进行全方位的分析，强调了提高服务生产率的重要性，尤其是面对个人的服务形式。

2015 年的政府产业竞争力会议发表了《服务产业挑战 · 计划》，该计划将服务产业劳动生产率增长率的目标设定为 2%，同时决定推进：①服务领域的创业支持、IT 的利用和活用、全球化、人才培养、都市集约化等横跨业种的政策实施；②酒店业、运输业、餐饮业（含外卖）、医疗护理保育行业、批发零售业等分业种的政策实施。为了普及优秀的经营模式，决定设立总理大臣表彰制度——“日本服务大奖”。

《日本复兴战略 · 改订 2015》将生产率的提高定义为日本经济政策的顶梁柱。为了提高潜在增长率，日本一直寄希望于“安倍经济学”中的“第三支箭”——成长战略，而不是金融政策或者财政政策。日本劳动人口持续减少，在这样的大背景下，鼓励女性就业、鼓励老年人就业这样的政策当然是需要的，因为它能够在一定程度上弥补劳动力投入量的不足，但是，仅通过这种方法，潜在增长率的提升空间有限。另外，在职人口的比例达到一个较高的水准之后，进一步的增长将会十分困难。所以，为了提高潜在增长率，不断提高生产率和生产效率才是正确的途径。

地方创生①是一项重要的政治课题，该战略将服务产业的活性化、生产率提升放到“地方 · 安倍经济学的推进”项目中，同时，通过中小企业团体和金融机构以支援地区的经营，针对每一个官民合作的业种，开展提高生产率的活动。分散于全国各地的服务企业的生产率提高已经成为备受重

① 振兴地方经济。

视的课题，但是，日本整体的服务产业的增长和发展没有得到足够的关注。

另一方面，在《经济财政运营和改革的基本方针 2015》中，将服务业生产率的提高定位为日本经济整体层面的政策课题，它是“强化我国潜在生产率和未来社会的重大改革”。另外，“服务产业的从业人数、GDP 占比均超过总体的七成，生产率提高的潜在可能性也非常高，推进‘服务生产率革命’势在必行”。服务产业对于日本经济的宏观走势，特别是中长期经济增长的巨大作用，正快速地渗透到制定政策的当下。

全球化进程中的服务产业

经济服务化现象不仅出现在日本，也是所有发达国家的共通现象。比较 1980 年和 2010 年的主要国家产业结构以及相应变化（如表 1 - 1 所示）。1980 年，只有美国制造业的附加价值占比为 19%，跌破了两成，欧洲主要国家的制造业占比均超过 20%。但是，到了 2010 年，美国 12%，英国 10%，法国 10%，许多国家制造业的占比都缩减至一成。由此我们可以确定，在发达国家的经济中，制造业已经成为非常小的部分。

表 1 - 1　主要国家的产业结构

	（1）制造业			（2）服务产业		
	1980	2010	变化	1980	2010	变化
美国	19.2%	11.7%	-7.5%	68.7%	79.9%	11.3%
英国	24.3%	10.0%	-14.3%	56.5%	77.7%	21.2%
德国	28.9%	21.5%	-7.3%	57.1%	69.5%	12.4%
法国	20.6%	10.3%	-10.3%	64.3%	79.3%	15.0%
意大利	28.4%	16.0%	-12.4%	56.2%	73.2%	17.1%
日本	26.9%	17.8%	-9.1%	57.7%	72.4%	14.7%

（注）根据 EU KLEMS 数据库的粗略附加价值数额进行计算。2010 年所列的日本的数字为 2009 年的。“服务产业”不包括水、电、气、热供给行业。

另一方面，在包含日本的六个国家中，就过去 30 年的数据来看，服务产业都增加了超过 10% 的市场份额，德国更是典型，服务产业的占比已超七成。从企业层面来看，微软、谷歌等 IT 巨头以及亚马逊、沃尔玛等物资流通相关企业，在美国获得巨大发展的企业中，大多数都来自服务行业。像 Uber（优步）和 Airbnb（爱彼迎）这样的、近年急速发展的“共享服务”企业同样属于服务业。

换言之，不仅是日本，服务产业在欧美主要国家也占据统治性的地位，服务产业的发展和生产率决定了经济的整体表现。就雇佣情况而言，比起美国，欧洲的失业率更高，普遍认为问题出在服务产业上面（Gregory et al.，2007）。另外，自 20 世纪 90 年代中期，美国的生产率增长率一直保持很好的势头，相比之下，日本和欧洲的表现却不尽如人意，大家一直在努力寻找其中的原因。

比如，Timmer et al.（2010）对美国和欧洲的生产率进行总体比较，自 1990 年中后期欧盟和美国的生产率增长率之所以产生了如此大的差距，主要缘于市场服务产业，特别是物流业和事业服务业的生产率的不同，所以，将来，欧洲经济的增长将依赖于市场服务产业的生产率的改善。Ortega - Argilés（2012）也针对美欧生产率的差距进行了实证研究，她指出：为了提高欧洲的生产率，服务产业的成败将会是决定性的因素。

新兴国家的服务产业也在急速发展当中，就中国而言，第三产业的规模已然超过第二产业。中国服务业的发展不仅表现在零售业等面向国内市场、针对个人的服务行业，在信息服务领域，如阿里巴巴、百度等世界级别的大企业也相继出现。中国正处于向消费主导型经济的转变过程中，今后服务产业化将在中国进一步深入发展。

除中国以外的金砖各国（巴西、俄罗斯、印度、南非），制造业的占比均不到 15%，服务产业占 60% ~70%（请参照表 1 -2），以 ASEAN（东南亚国家联盟）主要国为中心的亚洲诸国的制造业占比相对较高，除去收入水平非常高的新加坡，其余国家均超过 20%。但是，即便在这样的国家，服务产业的附加价值比例也占到 50% 或以上。

表 1-2　新兴国家的产业结构（2013 年）

	（1）农林水产业	（2）制造业	（3）服务产业
巴西	5.7%	13.0%	69.4%
俄罗斯	3.9%	14.8%	59.8%
印度	18.2%	12.9%	57.0%
中国	10.0%	29.9%	46.1%
韩国	2.3%	31.1%	59.1%
新加坡	0.0%	18.6%	75.5%
印度尼西亚	14.4%	23.7%	39.9%
马来西亚	9.4%	24.2%	49.6%
菲律宾	11.2%	20.4%	57.7%
泰国	9.9%	25.7%	56.1%

（注）根据国际联盟的国民经济统计数据进行计算。“服务产业”为国际标准产业分类的 G～P，不包括水、电、气、热供给行业。

最近的研究表明，各国间生产率（水平）的差距主要存在于农业和服务产业，而非制造业。再以时间轴为基准进行观察，各国间农业和制造业之间的生产率差距已经大幅度缩小，但在服务产业却没有出现这样的趋势，由此不难看出，对于宏观经济而言，服务产业更为重要（Duarte and Restuccia，2010）。

通过以上事实数据，我们已经看出在经济整体中，服务业自身的占比以及服务业生产率的重要性。在之后的章节中（本章第 3 节和第 6 章），笔者将从制造业国际竞争力的视角出发，阐述服务的重要性。由于运输成本的降低，以及关税等贸易障碍的减轻，生产活动的国际化不断推进，生产过程不断细化，全球服务链正在形成。其结果就是，一件产品的制造过程有多个国家参与，所以一件成品中包含多国的附加价值。

最近，开始用附加价值贸易的框架来分析上述构造，得出的结果是：

出口的工业产品中投入了多种服务，特别在发达国家，中间投入的服务的比重较高。换而言之，用附加贸易价值的视角来看，比起一般的加工组装工序，发达国家在技术含量高的服务中具有优势。反而言之，为了保证中间投入的服务的品质，以及整个服务产业的效率，对下游制造业的能力便提出了严格的要求。在生产工序不断细化的过程中，经济政策的制定只将焦点对准制造业是不合适的。

基于以上种种情况，世界各国家、各地区，都在竭尽全力提高服务产业的生产率。欧盟提出的《服务指令》（2006 年）就是其中一个典型案例，《服务指令》一方面为了保证欧洲区域内的服务交易顺利进行，另一方面旨在促进服务产业的竞争。经合组织早在 2000 年初就多次发表报告，讨论增加服务产业的工作岗位，提高服务业的生产率的相关政策，同时，针对阻碍、限制服务业发展的一些政策进行分析探讨。世界各国均积极地致力于提高服务产业的效率和生产率，这和日本政策拟定的动向是一致的。

种类多样的服务产业

正因为服务产业在经济市场中的份额很大，所以服务业种类繁多。从各企业从业人数的平均值（“经济人口活动调查”，2012 年）来看，制造业 35 人对应服务业 24 人，所以服务产业的企业平均规模较小。以事务所的规模来看，制造业 19 人对应服务业 10 人，接近一倍的差距。但是，服务行业中根据业种不同，规模大小不一。运输业、金融保险业的平均企业规模是超过 50 人的，比制造业更多。但是，不动产业和物品租赁行业（7 人）、专业技术服务业（12 人）、批发零售业（21 人）与制造业相比，规模小很多。

但是，经济服务化并不是指所有的服务业种都在成长，其中既有不断增长的，也有相继衰退的。从表 1 -3 中可以看出 1996—2012 年期间，不同业种就业人数的变化情况。老人福利事业、劳务派遣行业、健身俱乐部等针对个人的服务业种，以及软件开发行业、警备安全行业、法律事务所、专利事务所等类型的服务业种都发展得非常迅速。医院、一般诊所、疗养所等与健康相关的服务业也呈现了良好的发展势头。另一方面，复印影印机器以及材料、大米谷物、酒类等特定商品的零售业、日式酒家、麻将馆等业种的从业人数减少到一半以下。

表1－3　服务产业内的结构变化（1996—2012年）

（1）发展服务行业		（2）衰退服务行业	
产业	增长率	产业	减少率
老人福利业	848%	照相机、照片材料零售业	-87%
劳务派遣业	240%	期货商品交易业、投资业	-83%
其他儿童福利事业	227%	贷款业	-78%
健身俱乐部	197%	日式料理店	-74%
认知障碍、身体残疾人士福利事业	196%	五金杂货零售业	-74%
高等教育机构	140%	特定货物汽车运输业	-73%
儿童福利事业	127%	公司、团体住宿地	-67%
托儿所	111%	米谷类零售业	-67%
软件产业	97%	陶瓷、玻璃器皿零售业	-65%
货物运输业	95%	酒类零售业	-63%
产业废弃物处理业	93%	照片业	-63%
兽医业	89%	普通洗衣业	-62%
医疗业	76%	布料、布匹、床上用品零售业	-61%
商品检查业	71%	插花、茶道教授	-57%
不动产管理业	52%	乐器零售业	-55%
医药品、化妆品零售业	51%	麻将馆	-52%
警卫服务业	51%	裱装业	-52%
法律事务所、专利事务所	50%	干货零售业	-49%
一般诊所	48%	酒吧、酒馆、夜总会	-48%
医院	47%	沿海运输业	-48%

（注）根据总务省统计局的“事务所、企业统计调查”“经济活动调查”数据制成。数字是就业者人数的变化率。因1996年与2012年的产业分类不同，上述数据并不完整，仅展示了连续性的、可比较业种的数字。

该表格采用日本标准产业分类中的小分类（三位数分类），展示了自 1996 年至 2012 年一直存续的业种。由于标准产业分类的改变而登场的服务业种未被纳入其中。这些服务业种包括：2000 年以后由互联网所带动的服务业、无实体店零售业、打包饮食业以及外卖饮食业等。如果以产业细分类（四位数分类）来看，还会有更多新的业种登场。随着经济服务化程度不断加深，服务产业内的结构变化也从未停止。

同一业种不同企业所带来的多样性

业种的多样性会带来经济的多样性，不仅如此，同一业种内不同企业间的差距也非常大。既有成熟稳健的大企业，也有许多小规模的个人事务所。通过观察服务产业中企业生产率的排列，可以看出，服务行业中不同企业间的差距超过制造业。把生产率按照从高到低进行排列，无论哪个业种，顶端 10% 的企业与底部 10% 的企业，其生产率的差距均高达两倍以上。服务业首尾间的差距甚至超过了制造业（请参照第 2 章）。

重要的是，无论制造业还是服务业，同一产业内不同企业间的生产率差距都非常大。服务产业中优良企业的生产率远远超过制造企业的平均水平，而制造业中生产效率较低的企业的生产效率也低于服务产业生产率的平均水平。

2007 年，作为“服务革新战略”的其中一环而设立的服务产业生产性协会（SPRING），针对在创新和提高生产率方面取得先进成果的企业进行表彰，评选“日本优质服务 300 例”。分析历届得奖的企业，我们不难发现，其中的优秀企业来自零售业、饮食店、住宿业、出租车、理发行业、婚丧嫁娶、医疗服务行业等多个领域。

有些观点认为日本制造业的生产率较高，而服务行业的生产率较低，可能是因为把丰田、佳能、松下等制造行业的巨头与身边不起眼的小卖部、事务所进行对比。前文中我已经谈到，服务行业中也不乏综合商社、Seven & I（7 & I 控股）、NTT DOCOMO 这样的优质大企业，在比较的时候把这些服务业的巨头与制造业的零散小作坊进行对比的人是非常少见的。

综上所述，不仅日本，在世界上的许多国家，服务业在经济发展中占据越来越重要的位置，服务业的动向决定了经济的整体发展。日本情况尤为特殊，老龄化和人口减少所带来的劳动投入量的不足越发明显，我们希望通过增强服务产业的生产率，来提高日本经济的潜在增长率。但是，服务产业中虽然有许多发展势头良好、生产效率高的优良企业，同时也存在许多效率低下的企业。服务产业的生产率很低这种观念不一定正确，但是，从全局来看，为了提高整个服务产业的生产率，我们还有许多改进的空间。今后，日本经济是否能蒸蒸日上，服务业将发挥巨大的作用。

2. 经济服务化的主要原因

与产业结构变化有关的经验法则

为什么会产生经济服务化呢？有关产业结构随着经济发展而产生的变化，已经有了许多研究。其中非常有名的是“克拉克定律”：随着经济不断发展，以农业为中心的第一产业占比会逐渐降低，之后，以制造业为中心的第二产业，以及第三产业的占比会不断增高。Kuznets（1973）认为产业结构必将从农业向非农业，从工业向服务业转变，这是经济增长六个特征中的其中一个。

日本的产业结构变化遵循了以上经验法则（请参照图 1 - 1），制造业的附加价值比例在整个高速增长期不断上升，1970 年达到峰值。此后不断下降，甚至降到 20% 以下。另一方面，服务产业的附加价值比例一直呈现上升趋势。特别是 1970 年以后，浮动汇率制的普遍实行，石油危机的爆发等一系列事件加速了制造业的衰退，制造业占比不断下降的同时，服务产业的占比加速上升。即便从就业结构上分析，也能清晰地看出经济服务化这一长期趋势。

不仅是日本，通过观察其他发达国家，尤其是新兴国家的产业结构变化，可看出该法则的普遍性。涉及经济增长和产业结构变化的概括性调研论文（Herrendorf et al.，2014）将世界各国（包括日本）的数据、事实进行整理和分析，得出以下结论：①农业的 GDP 占比呈下降趋势；②制造业的占比变化曲线呈山丘状，上升到一定收入水平后（人均 GDP 约 100 万日元），一般会转为下降趋势；③服务产业的占比一直呈上升趋势，当制造业占比达到峰值后开始下降时，服务业的占比会加速上升。

纵观历史，日本制造业在 1970 年迎来了峰值，比国际平均水平稍稍晚了几年。另外，日本和德国（欧洲制造业大国）一样，相较于其他发达国家，制造业在经济中的占比更大（请参照表 1 - 1）。但是，从大局上着眼，日本的产业结构变化仍然遵循了上文所述的国际经验法则。

供求关系与服务化

各种商品、服务的供求关系，基本决定了产业的结构。推动经济服务化的基本机制，可以将需求收入弹力作为竖轴，供给方生产率增长率作为横轴进行理解。换言之，随着收入水平的上升，对服务的需求也不断增加，另一方面，服务的生产率增长率低于工业制品，其结果就是服务的相对价格上涨，从而影响服务产业在名目 GDP 中的占比，使雇佣规模扩大。在第 2 章中介绍的“鲍莫尔成本病”，将针对上述机制下产生的经济服务化和经济增长之间的关系进行论述。

因收入水平上升而带来的对服务需求的增加在经济学中被称为“非位似偏好（non-homothetic preferences）”。这个专有名词略显复杂，简而言之，消费者在实物与服务之间进行的选择，即便收入水平不同，也应该是一定的。如果选择同位相似偏好，那么无论收入水平高低，财产、服务的消费比例是一定的。但现实却并非如此，比如之前谈到的 Herrendorf et al.（2014）指出：随着经济的发展，在最终需求的清单中，用于购买实物的支出会降低，而用于购买服务的支出会增加。

随着收入水平的提高，日本的家庭开支中用于购买服务的消费越来越多。根据“家计调查”（总务省）1963—2014 年的长期系列数据，将劳动者家庭的总体收入水平（实际收入：横轴）和消费支出中服务所占的比例（服务消费比例：纵轴）绘制成图，如图 1 - 2。因为是长期的数据，为了消除通货膨胀对收入水平造成的影响，通过消费者物价指数（除去自有住宅的租金计算。单位：2010 年 =100。）进行实质的论述。

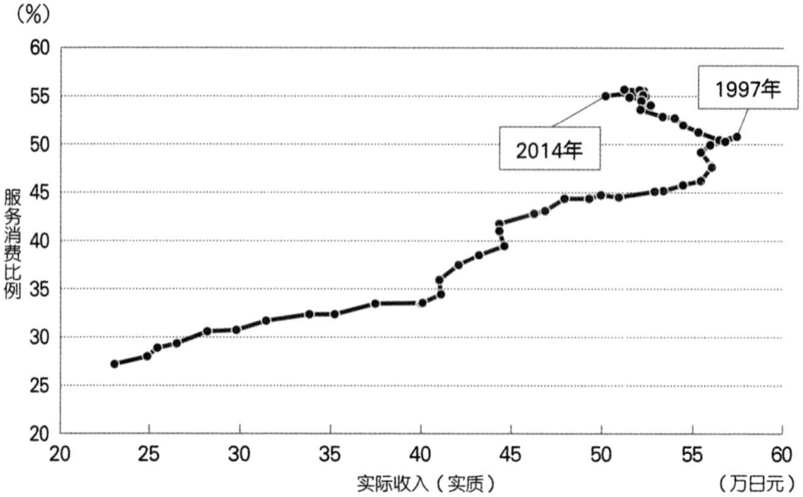

图 1－2　家庭收入与服务消费（1963—2014 年）

（注）根据总务省统计局的“家庭经济情况调查”“消费者物价指数”，由笔者绘制上图。

从经济高速成长期到 20 世纪 90 年代中后期，随着收入水平的提高，服务消费支出的比例不断增大，这一点是容易理解的。但是，日本国民收入水平在 1997 年达到峰值，之后的实际收入出现下降趋势。尽管如此，服务消费在总支出中的所占比例仍然不断增大，所以，经济服务化不仅与收入水平相关，也受到人口老龄化、经济全球化、技术革新等其他因素的影响。

从消费意识来看，至少对现存的实物的需求已经饱和。根据“国民生活舆论调查”（内阁府，2015 年），对所得收入的满意度为 46%；对资产储蓄的满意度为 38%，即不满意的人占多数。而对“汽车、电器产品、家具等耐用消费品”的满意度为 72%，大大超过了不满的 26%。而对饮食生活的满意度为 85%，不满的仅为 14%。今后，即便经济增长战略取得成功，国民收入水平进一步上升，只要市面上不出现极具魅力的价格高昂的新产品，日本国民对实物的需求便很难增加了。

经济服务化在“名义”上已经出现，可从“实质”上看，情况却完全不同。因为实物和服务的价格增长率不一样。观察对象仅限于商品和服务，从消费者物价指数来看，比较 1970—2015 年间商品和服务的物价增长率（年率），商品为 2.2%，而服务高达 3.2%。从百分比上看也许相差不大，但是，过去 45 年的时间，商品的价格增加了 1.6 倍，而服务的价格增加了 3.1 倍。进一步观察商品中的耐用消费品，以年率 1.3% 的速度负增长，45 年时间价格几乎降到了一半，这也反映了技术进步所带来的生产成本的降低。分析美国产业结构变化的 Boppart（2014）指出，商品对比服务的相对价格以年率 1.6% 的速度下降，日本的数据（以年率 1.0% 下降）比起美国略小一些，但呈现了同样的趋势。

总而言之，商品（特别是耐用消费品）的价格增长率较低，同等价格实质上可以购买多个商品，但是，与之相对，服务的价格增长率很高，想要获得同等服务，名义上的支出金额会大幅度增长。所以，从名义上的金额来看，服务的支出比例变大。其背后的原因是商品和服务的生产率增长率的不同（请参照第 2 章）。

以上是以商品和服务为例进行了说明，其实，价格下降的现象更明显地体现在生产机械设备、电脑等投资商品。从 1970 年至 2015 年，体现日本经济总体物价增长率的 GDP 平减指数以年率 1.8% 上升，其中民间消费支出的平减指数为年率 2.2%，民间企业设备投资平减指数以年率 0.9% 呈微弱上升趋势。1.4% 的差距看起来似乎非常小，但是 20 年累计便是 30% 以上，30 年累计便是 50% 以上的差距，由此可以看出商品投资相对价格降低的事实。投资设备平减指数不仅是商品，也包括一部分的服务，但生产器械以及电脑等生产资料的价格低下，是导致商品投资相对价格低下的非常重要的因素。

家庭、企业的服务外购

以上从需求和供给两方面解释了引发经济服务化的基本机制，除此之外，还有几个次要原因也推动了经济服务化的趋势。家庭和企业所需要的服务生产均从内部供给转为服务市场提供。具体而言，①随着女性就业率上升，家庭服务（保育、护理等）的市场化；②企业内服务的外部化；③随着经济全球化的发展，制造业的生产阶段转向劳动力成本更低的国家。

第一，家庭服务的市场化。做饭、打扫等家务活，特别是养育小孩等不体现在 GDP 中的重要的家庭内部服务生产活动转向市场。因果关系是双向的，随着更多的女性进入职场工作，家庭服务生产的市场化反而促使其本身转为可以统计为 GDP 数字的服务产业。在服务产业比例较高的美国，做饭、育儿、护理、扫地等传统的家务劳动在很大程度上已经市场化（Freeman and Schettkat，2005）。特别是高学历女性，利用服务市场节省了大部分育儿和家务的时间（Hazan and Zoabi，2015）。分析经合组织各国家庭服务和市场服务之间关系的 Ngai and Pissarides（2011）认为，纳税制度和政府对市场服务的辅助程度导致了各国之间的差异。

换言之，政府对保育服务、护理服务所实施的支持政策，也是影响经济服务化的辅助性原因。劳动经济学者针对上述问题有过讨论，其中大多数是探讨服务市场的利用可能性以及服务价格对女性劳动供给的影响，其实现实中的因果关系是双向的。例如，Buera et al.（2013）认为，在美国，参加劳动的女性（特别是已婚女性）数量增大，促进了服务产业的发展。

第二，企业服务的外包，也是促进服务业扩大的另一个重要原因。美国服务产业的占比从 1950 年的 60% 上升至 2000 年的 80%，半个世纪上升的 20 个百分点全是技术密集型服务——高等教育、法律服务、金融、不动产、会计、广播、航空运输、医疗等（Buera and Kaboski，2012）。其中一部分百分比的贡献来自法务、会计、信息处理等企业的部分业务被外包给了外部的服务企业。

在美国，上述专业服务的外包大大增加了服务产业的雇佣人数（Berlingieri，2013）。在日本，律师事务所、社会保险劳务士事务所、经营咨询业等专业服务业以及信息服务业事务所的就业人数也在不断增加，由此可知，在日、美服务业的扩大背后，存在相同的运作机制。

第三，制造业的生产活动向海外转移。随着运输费用不断降低，关税等贸易屏障不断降低，全球化生产链正在迅速地细分和发展。随之而来的，对技术要求不高的加工工程正从发达国家转向工资水平更低的新兴国和发展中国家，这也是加速发达国家经济服务化的一个重要原因。冨浦（2014）指出：日本的制造企业外包至海外的业务中，大部分是成品的加工组装、零部件以及中间过程的制造等与制造相关的业务，日本企业业务外包给海外的程度越高，企业内部参与直接生产的劳动者的比例就越低。由此进一步证明了笔者上述的观点。

下一节笔者将深入探讨最近在美国迅速发展，引起广泛关注的“没有工厂的制造企业”（FGPs）（Kamal et al.，2013；Bernard and Fort，2015）。这些企业将生产工程外包海外做到了极致，国内的事业活动已经完全脱离了制造业。

综上所述，随着收入水平的上升，对服务需求的增加大大超过了对实物的需求，另一方面，服务价格的增长率远远高于实物，这是促进经济服务化最根本的原因。另外，家庭服务的市场化、企业内服务的外包以及制造阶段向海外的转移，也是促进经济服务化的辅助性原因。

3. 制造业的服务化

急速成长的混合企业

上文均是将服务业和制造业分为两种不同的产业进行论述的。但是，通过投入、产出关系和企业内部的分工，制造业的活动也出现了服务化的倾向（servitization）。进一步分为以下两个侧面：①制造企业的中间投入环节，对外部服务的需求增大；②制造企业内部活动的服务化。

第一，企业内服务的外包。原本，在制造业的生产过程中，运输、通信、流通、金融、保险、法务、会计等业务也算入产品成本，现在，越来越多的制造业内部服务环节外包给专业的外部企业来实现。

第二，制造企业内部研发、设计、总部职能管理等服务活动的重要性的提高。这一点和所谓的“微笑曲线”理论有很深的关系。随着全球化的不断加深，制造企业与新兴国家之间的竞争不断加剧，通过加工、组装等直接的制造过程所获取的附加价值越来越小。另一方面，在商品制造环节中，如研究开发、产品设计等位于上游的活动，以及市场运作、售后服务等位于下游的活动所带来的附加价值不断增大。

例如，Crozet and Milet（2015）对超过5万家法国制造企业进行分析后表明：制造企业中的77%也在进行服务的销售，上述企业的利润率比单纯的制造企业高出许多。这些带来高附加价值的企业活动中，大多数都是以高技能劳动力为基础的、广泛意义层面的服务生产活动。其中，日本最具代表性的制造业大企业，也表现出了明显的以服务获利的倾向。

前一小节提到的“没有工厂的制造企业”就是一个极致的案例。这类企业在官方产业分类中属于批发业，但是却与传统的批发工厂不同，他们完成的是产品的设计、生产活动的整合以及销售环节。在美国，也有提议将“没有工厂的制造企业”的产业分类更改为制造业（Kamal et al.，2013）。许多企业都把生产活动委托给工资水平较低的国家的工厂，以美国苹果公司、Mindspeed technologies（半导体）、英国戴森（吸尘器、吹风机等电器产品）等为代表。在医药行业和服装行业也有许多这样的公司。

日本的优衣库、似鸟、无印良品等公司虽然是零售业，但也具有与上述批发业相同的性质，在国内完成产品企划、开发、广告宣传、销售等一系列的服务活动。优衣库是集商品企划、原材料开发与调配、生产、物流、销售于一体的“服装制造零售业”（specialty store retailer of private label apparel：SPA）公司，却把商品的生产委托给了中国的代加工厂。似鸟标榜的是“制造物流零售业”，也把多数商品的生产委托给了低成本的亚洲国家。

通过统计证明服务投入的重要性

关于制造业服务化的实际情况，先请读者看看日本产业的相关数据。据“产业关联表”（总务省）统计：在制造业的中间投入环节，服务产业所占的投入比例在 1970 年为 13%，1980 年为 15%，2000 年为 27%，一直处于增加的曲线上。从长期趋势上看，在制造业的生产活动中，服务产业的投入也越来越重要。

另外，根据 2011 年的"产业关联表"雇佣模型，在制造业从业者当中，"生产工程从业者"占 69%，换言之，超过三成的员工没有直接参加生产阶段，而是从事管理、事务、营业、技术开发、运送等服务相关工作。大约 10 年前，也就是 2000 年的产业关联表中，生产阶段从业者的比例为 73%，由此可以看出，近年来服务活动从业者的比例在不断提高。

以上是从产业层面进行分析得出的数据，从制造企业的层面，也可以看出服务化的倾向。首先，通过 2012 年的"经济活动调查"观察不同产业、不同企业活动的销售额，被定位为制造业的企业的总销售额为 343 万亿日元，而其中制造企业的总销售额为 304 万亿日元，占了其中的大部分（88%）。但是，批发、零售、信息服务等服务企业的销售额也高达 40 万亿日元。可是，这终究是由企业多元化而带来的商品、服务的销售额占比？还是另有原因？

从现实层面观察一个制造企业，研发、设计、营业、总部职能管理等，不会直接与制造工程发生联系的机能变得越来越重要。基于"企业活动基本调查"的微观数据，带有制造业之名的企业当中，在制造部门工作的从业者占总从业者比例的 61%（2013 年），换言之，近四成的从业者在制造以外的部门工作。从 2001 年到现在的十一二年时间，制造部门从业者的比例降低了 4%。

从该调查数据（2001—2013 年）中还可看出在制造企业中，制造部门从业者的比例与生产率的关系：制造部门从业者比例越高，该公司的全要素生产率（TPF）就越低。不仅仅是企业之间的横向比较，我们还看到：当某企业制造部门从业者的比例下降的时候，TPF 会升高。总而言之，仅从制造企业的生产率变化，就可以看出企业内服务部门所发挥的重要作用。

笔者在此尤为关注的是总部职能管理这一服务部门。这一点关系到本书第3章所写的无形资产投资。总部职能处于企业内事业服务部门的中心位置。在一个现代企业中，总公司需要制订中长期的经营计划、选择企业的发展领域、开发新产品和服务、选择投资项目、负责M&A（兼并、收购）等战略性决策，支撑着整个企业的经营，发挥着不可替代的重要作用。总务、会计、人事等职位绝不是机械性的简单工作，它们与企业的战略经营息息相关。另外，总公司从事的业务还包含：内部监察，对股东进行投资者关系管理，以及与金融机关、政府、自治团体等打交道的繁琐的调整性业务。带有高度的非常规性的业务所占比重较大。

有许多观点认为，事务部门的缩小有利于提高组织整体的效率。关于这一点，笔者采用了日本企业大规模的固定样本数据进行分析得出：总务、会计、人事等总部职能部门的从业者比例越高，企业总体的生产率越高。另外，现在的许多企业中，总部职能部门的规模偏小，没有达到最适合的规模比例（Morikawa，2015b）。生产率越高的企业，总部职能部门越大这一逆向关系是不成立的，反而得出总部职能部门越大，生产率越高的因果关系。另外，只有总部职能部门很大的企业，信息情报网的活用才能对生产率产生正向的效果，这也说明IT和总部职能之间存在互补关系。

就职于总部职能部门的白领们生产率低的说法由来已久，许多观点认为：活跃于制造现场的、高品质的劳动力才是支撑日本制造业的中坚力量。笔者并没有否定上述观点的意思，但是，在产业结构不断升级、国际竞争越发激烈、生产部门的外部转移不断加剧的过程中，决定公司经营战略的总部职能部门，以及就职于总部职能部门的白领们，对企业中长期的发展，甚至整个日本经济，都将发挥重要的作用。

在附加价值贸易中增加重要性的服务

近年来，随着生产工序在国际上不断被细分，全球价值链（global value chain）不断扩大、深入。其背景是运输费用的低下，以及WTO（世界贸易组织）协议和经济合作协定（EPAs）带来的关税以及非关税屏障的减轻。跨太平洋伙伴关系协定（TPP）不仅适用范围广，而且在“原产地规则”上采用了“完全积累制”，该协定发挥作用的时候，包括日本在内的全球价值链的深化很可能会加速。

基于世界投入产出数据库（WIOD），附加价值贸易的实证研究正在进行之中（请参照第 6 章）。例如，虽然 ipod 和智能手机的最终产品在中国生产、出口的比例较高，但最终产品中仍然包含了在发达国家生产的原材料、零部件以及在此过程中投入的服务的附加价值，在中国国内实现的附加价值的比例是有限的。

Johnson（2014）没有停留在个别产品的案例分析，而是运用世界投入产出数据库进行分析：以一般的贸易统计和国际收支统计来观察世界商品和服务的出口（总出口量），制造业占比 67%，也就是三分之二，而服务的出口仅占比 20%（剩下为农业、建筑业等）。但是，出口的产品中包含了大量在各国投入的服务产业的附加价值，所以，从附加价值的贸易来看，制造业的附加价值为 39%，而服务业的附加价值为 41%，服务业实现了反超。

总而言之，用附加价值来审视一个国家的国际竞争力，不能仅看该国的制造企业，对中间投入服务的依存度也在不断升高。因为一个国家的 GDP 就是附加价值，谈论一个国家国民的生活水平，与其看贸易统计表中的总出口额，不如看附加价值的出口额。另外，在全球价值链中，发达国家的劳动者从事的更多是有技术含量的工作（Timmer et al.，2014）。

换言之，从发达国家的附加价值出口来看，技术集约型的服务产业处于比较优势的位置，也是影响一国竞争力的比较重要的因素。实证研究已经证明：比起下游制造业的生产率和出口竞争力，作为中间环节被投入产品中的，位于生产线上游的服务产业的规制和生产率发挥了更加重要的作用（Barone and Cingano，2011；Bourlès et al.，2013）。新兴国家和发展中国家也是如此，上游服务业的规制缓和和贸易自由化所带来的效率提升，也增加了下游制造业的生产率水平和出口竞争力（Hoekman and Shepherd，2015；Arnold et al.，2016）。

综上所述，制造业的服务化，以及工业出口商品中服务投入的重要性愈发明显，“贸易立国”的日本想要谋求经济发展和国民生活水平的提高，在国内构建品质一流的服务部门是必不可少的功课。

笔者并不是主张制造业不重要。制造业作为典型的传统产业，对日本的循环经济是不可缺少的。另外，知识、研发集约性较高的制造业所创造的高品质的生产资料，也对服务产业的发展产生影响。但是，笔者想强调的是：今后要在日本维持、发展具备国际竞争力的制造业，服务业将发挥重要的作用。

4. 少子老龄化、人口减少背景下服务产业将如何变化

少子老龄化与对服务的需求

那么，经济服务化今后将如何开展呢？以带来经济服务化的机制作为前提，自然状态下经济服务化也将继续发展。虽然经济增长率呈下降趋势，但个人收入水平的上升会提高服务的需求，随着运输、通信成本不断降低，EPAs 不断推进，生产的全球化分工将进一步深化。另外，如图 1－2 所示，虽然近年来日本收入水平处于停滞不前的状态，但服务消费的比重仍然在不断上升。

以少子老龄化为代表的人口结构的变化，是决定未来日本经济的重要因素。从全局出发，它对经济服务化既有正面影响，也有负面影响，不能一概而论。但是，至少可以确定一点：人口结构的变化将会成为推动服务产业结构变化的一个重要原因。

从家庭消费的结构来看，可以在某种程度上推测人口结构变化对老龄化服务需求的影响。“家庭经济情况调查”（总务省）根据每个家庭、户主的年龄，得出 2014 年截面数据：从整体来看服务支出比例不会因为户主的年龄而产生大的变化，但是，老年家庭花费到医疗服务、住宅维修等项目的支出较多，另一方面，在外就餐、教育、通信等相关支出较少。所以，

正如我们所预想的，少子老龄化增加了对医疗、护理服务的需求，同时减少了对教育服务的需求。

Nozaki et al.（2014）针对日本医疗费用增加的原因和将来的形势进行分析得出：1990—2011 年间增加的医疗费用中，三分之二是由于老龄化引起的，所以预计到 2030 年，仅因为老龄化现象，医疗费用占 GDP 的比例将会上升 3.5%。另一方面，退休家庭可处理的时间较多，以家庭内的服务生产代替市场服务的倾向明显（Aguiar and Hurst，2005；Aguiar et al.，2012），老年人买菜买肉花钱较多，在外就餐的支出较少，就是因为老年人有时间在家里进行“做饭”这一家庭内的服务活动。

另外，少子老龄化不断发展，为了保证财政的健全，提高消费税率是势在必行的政策。但是，这可能反而会抑制服务产业的占比在 GDP 统计中的扩大趋势。众所周知，消费税相较于法人税和劳动所得税，对资源分配的歪曲程度更小，对经济增长的恶性影响也相对较小（Arnold et al.，2011）。总而言之，消费税对经济增长的影响在一定程度上是可控的，同时又能增加国家的税收，所以它比所得税和法人税更加可取。但是，对消费税的征收仅限于市场上的服务购入，家庭内的服务生产与消费不在消费税的纳税范围内，所以，消费税率的增加有可能会引发消费者从市场服务转向家庭内服务，从而提高实物消费的比例。

老龄化、女性就业和服务劳动供给

关于供给方的主要问题，可以通过不同年龄的就业结构，在某种程度上进行推测。根据“就业结构基本调查”（2012），观察不同产业的老年人（这里指 60 岁以上）比例，老年人占总就业人口的 20% 不到，但是不同产业的比例相差甚远（请参照表 1－4（1）列）。在不动产业和租赁业，老年人的就业比例接近 40%；在服务业（不能被分类到其他的）约占 30%；和生活有关的服务业、娱乐业约占 25%，也是一个非常高的数字。另一方面，金融保险、教育补习、医疗福利等行业的平均占比在 10%。相对于制造业总体占比 15%，服务业总体占比为 19%，两者并没有出现明显差距。所以，从劳动供给的视角出发，很难说就业者的老龄化是加速经济服务化的重要原因。

表 1－4　老年人、女性的就业结构

产业	(1) 老年人比例	(2) 女性比例
建筑业	23.4%	16.0%
制造业	15.2%	30.2%
水、电、气、热供给行业	8.3%	14.5%
信息通信业	4.8%	26.0%
运输业、邮电业	18.3%	19.1%
批发零售业	18.7%	50.9%
金融保险业	9.4%	53.0%
不动产业、物品租赁业	39.6%	40.4%
学术研究、专业技术服务业	19.8%	32.2%
住宿、饮食服务业	20.4%	61.8%
生活相关服务业、娱乐业	25.1%	59.5%
教育、学习辅助行业	13.5%	55.8%
医疗、福利	13.0%	76.1%
综合服务事业	8.0%	39.7%
服务业（不属于其他分类）	29.9%	38.9%
公务（除去其他分类）	7.9%	27.0%
总数	19.7%	43.0%
服务产业	18.5%	50.7%

（注）根据总务省统计局 2012 年的“就业结构基本调查”制成。上表中的老年人均为 60 岁以上。“服务产业”指除去水、电、气、热供给和公务的第三产业。

与此相对，在少子老龄化的背景下，女性就业已经成为一个重要的政策课题，如果能够实现女性就业率的上升，那么势必会从供求两方面促进服务化的进程。反过来说，如果不能扩大幼托等服务产业，便很难提高女性的就业率。对服务市场的需求而言，女性的家务劳动和社会劳动之间存在很强的替代关系（Freeman and Schettkat，2005）。如果女性的市场劳动时间增加，势必会需要从市场上获取家务服务，所以，在市场上，育儿等家务服务的扩大会促进更多养育子女的妈妈进入社会工作，这是一种双向促进的因果关系。

从劳动供给方来看，与制造产业相比，服务产业的女性就业率本就更高。制造业的女性比例不过 30%，但服务行业的女性就业率偏高（请参照表 1－4（2）列）：医疗福利行业高达 76%，住宿饮食行业 62%，与生活有关的服务娱乐业 60%，教育补习行业 56%，金融保险业 53%，批发零售业 51%。从广义的服务产业整体来看也是如此，51%（过半）都是女性。作为接收女性就业的服务产业，是非常重要的。

服务产业与女性就业的关系不仅限于日本，比如 Olivetti and Petrongolo（2016）根据包含日本在内的发达国家的数据统计得出这一结论：造成各国间女性就业差距的原因，多半是产业结构的服务化的程度差异。

少子老龄化和服务产业内的结构变化

少子老龄化和女性就业的扩大会对服务产业产生怎样的影响呢？不仅会改变服务产业在总产业中的占比，还会带来服务产业中的结构变化。根据“人口动态统计”（厚生劳动省）和“日本未来人口推算”（国立社会保障人口研究所）的数据，纵观日本之前的出生数、死亡数、婚姻数，出生人数从 1970 年的 193 万人减少到了 2010 年的 107 万人（平均年增长率 －1.5%），2015 年已经降到了 101 万人。预估到了 2030 年，将会减少到 75 万人。

另一方面，死亡人数从 1970 年的 71 万人增加到了 2010 年的 120 万人（平均年增长率 1.3%），预计到 2030 年会增加到 161 万人。出生人数发生变化的一段时间内，学校教育、结婚典礼等各种服务的需求量也会发生相应变化。实际上，因为再婚的缓冲，在一定程度上能够控制婚姻人数下降的幅度，但是，预计到2015年也会减少至64万对左右。与此同时，死亡人数的变化会马上反映到对丧葬服务的需求量上。

举一个简单易懂的例子，“特定服务产业动态统计调查”（经济产业省）对丧葬行业和婚庆行业的数据进行了分析：把2000年的数据定为100，那么2014年丧葬行业的总营业额为134，办理数量为139，平均年增长率分别为2.1%和2.4%。与办理数量的涨幅相比，总营业额的涨幅稍微偏低，从中反映出葬礼仪式的简约化带来的服务单价的下降。

在老龄化社会中，丧葬行业呈现向上趋势，从业人数也年年递增。但是，死亡人数的增加会带来人口绝对数量的减少，预计丧葬行业在2040年将达到峰值，之后便会步入下滑曲线，今后一段时间还是会持续增长的。接下来再把目光转向婚庆行业，2000年的总营业额定为100，2014年的总营业额为50，办理数量为44。十几年的时间减少过半（平均年增长率为-4.8%，-5.7%）。虽然办理数量大幅度减少，因为服务单价有所上升，部分缓解了对总营业额的冲击。但是，婚庆行业受人口动态变化的影响很大，已经是一种衰退行业了。

当然，老龄化也带来了某些产业的急速发展，如医疗、福利服务行业。国民医疗费用从2000年的30万亿日元增加到2012年的39万亿日元（年增长率2.2%），预计今后还将持续增长。护理服务行业更为典型，接受护理的人数从2000年的149万人激增到2013年的471万人（年增长率9.3%），支付给护理的费用几乎也同幅度增长。同时，老人福利、护理行业、医院以及一般诊所等相关行业的雇佣人数呈上升趋势，根据“国势调查”统计，2000至2010年，医疗、福利的就业人数从427万人增加至613万人，年增长率为3.7%。护理服务是新兴产业，以NICHII学馆（日医学馆）、BENESSE（倍乐生）、SECOM（无线通信）为代表的大企业不断开展连锁产业，比如，日本首屈一指的制造业巨头松下也开始涉入护理事业（panasonic age-free service）。

此外，从2000至2010年，服务产业中的批发零售业、金融保险业的

从业人数以年率 -1.5%，生活关联服务业、娱乐业以年率 -0.9% 的速度减少，虽然没有达到制造业（-2.2%）的程度，但也足以看出上述行业中雇佣人数大幅缩减的现状。

综上所述，在少子老龄化、女性就业增加的大背景下，服务产业中所发生的产业结构的变化是非常确定的：①劳动力顺利地转向雇佣能力较高的产业；②提高上述产业的生产率是必要的。尤其是医疗护理服务业的生产率的提高，对宏观经济的影响较大，从财政可持续的观点出发，它也是非常重要的政治课题。

第 2 章　经济服务化和生产率、经济增长

本章将针对经济服务化和生产率以及经济增长的关系进行论述。许多经济政策和企业经营的实际业务操作者认为，全要素生产率（TFP）这个概念与劳动生产率不同，理解比较困难，所以笔者将用一些数值解说 TFP。虽然“日本服务产业的生产率很低”这种看法缺乏健全完整的实证数据支撑，但是服务产业的整体生产率确实存在很大的提升空间，而且笔者也一再强调，服务生产率是决定今后日本经济整体水平的重要因素。其中，我将重点分析规模经济、新陈代谢、质量经营以及企业管理对生产率提高所发挥的作用。

1．经济服务化与经济增长

决定经济增长力的生产率

“增长核算”（growth accounting）是指从供给方出发，对影响经济增长率的因素进行分解。换言之，增长核算就是把实质 GDP 这一宏观经济整体附加价值的提升分解为劳动投入量、资本的增加、生产率上升贡献程度的一种手法。在预估未来经济走势的时候，通过预测劳动、资本、生产率的提升空间和增长程度，从而推算出经济的潜在增长率。

现在，日本的劳动力数量不断减少，劳动投入量对经济增长率是一种

负面的贡献，所以，为了实现经济的正向增长，或是增加资本储备，或是提高生产率。增加资本储备可以通过增加设备投资来实现，但是，民间企业增加设备投资是有前提的，至少产生的利润能够覆盖设备投资花掉的钱。换言之，资本投资是有一定限度的，它是一个由劳动投入量的增加和生产率上升速度所决定的内生变量。所以，现在的情况是，劳动投入量的增长已经无望，那么生产率的提升便是决定整体经济长期发展的关键因素。

增长核算不仅与整体的宏观经济相关，各产业也可以运用增长核算的手法。因为不同产业的生产率增长率不同，所以产业结构的变化会影响宏观经济的生产率增长率，从而导致经济增长率的变化。如果生产率增长率很低的产业在总体经济中占有较高的比例，那么即便各产业生产率增长率保持不变，总体的生产率增长率也会下降。另外，在企业层面运用增长核算也是可能的，实际上也有类似的分析。例如，Hulten（2010）以微软公司为研究对象，对企业增长的原因进行分析可知：无形资产的积累和生产率的增长对该公司的发展壮大做出了巨大的贡献。

所谓的生产率是什么

本书中已经多次提到“生产率”这一概念，所谓的生产率到底是什么呢？笔者在此稍作解释。大多数人熟知的概念是劳动生产率，产出量除以劳动投入量，得到的数值就是劳动生产率，这是容易理解的。另一方面，全要素生产率（TPF）经常在政策颁布、企业经营者的口中听到，感觉是比较晦涩难懂的概念。进而，在生产率中，不仅有劳动生产率和全要素生产率（TPF）之间的区分，还有生产率水平/生产率增长率，资本生产率/原材料生产率等各种不同的概念。

生产率本质上是产出对投入的比例，那么，把什么定义为产出？把什么定义为投入？从而产生了各种各样的生产率的概念。劳动生产率是产出除以劳动投入量得到的数字，如果把附加价值的金额作为产出量，那么宏观经济的劳动生产率就是 GDP 除以总工时（从业人数 × 劳动时间）得到的数字。在产业或企业层面，用产业整体或企业的附加价值总额去替换 GDP

代入公式。作为分子的附加价值是从营业额中扣除了成本费用（原材料、水电费等）后的数值，正式表达的话可以看作劳动费用和营业利润的总和。

计算劳动生产率增长率的时候，在附加价值的变化中，有必要减去因物价上涨而增高的部分（或者通货紧缩）。在宏观经济和产业层面的计算当中，经常会用到 GDP 统计的附加价值缩减指数，进行缩减计算的时候，还需要考虑到商品、服务的品质变化，但是修正计算精度存在技术上的极限（之后详述），这就是导致生产率计算存在误差的其中一个原因。上述问题在服务行业尤为明显。

为了摆脱数据的制约，有时不用附加价值总额，而用总生产额（销售额）作为产出量进行计算，有时还用物理的计量单位进行计算，如大米 5 000 袋，钢铁 20 000 吨等。原本计算生产率就是以农业和工业为对象的，把物理的计量单位当作产出量也是理所当然的。但是，若企业同时生产经营各种不同的实物与服务，则唯有金额计量这一种方式，进而，一国的经济覆盖了多种产业，全部都用物理的计量单位作为产出量进行计算也是不可能的。

在投入量中，用工时作为劳动投入量进行计算是最好的，但有些情况下没法使用劳动时间的数据，经常用劳动者的数量代入计算。如果把从业者人数作为分母，那就是把全职人员和临时工的数量都计算在内，这样计算出的劳动时间必然会增加，从而导致数据上的生产率高于实际情况，请务必注意这一点。但是，使用企业或者工作室、事务所的微观数据进行生产率估算之时，不可能得到每个企业、事务所的劳动时间数据，所以多数情况下会采用产业的平均劳动时间数据。这样一来，平均劳动时间偏长（较平均水平）的企业和事务所的生产率便会被过高评价。而且，劳动者是大学毕业或者是高中毕业，投入的质量本身也会有不同，刚进公司的新人和经验老到的员工之间存在能力的差异，如果上述劳动者质量的差异能被修正就再理想不过了。

还有一点余谈，在进行服务产业生产率计算的时候，应该怎么评价需求方的劳动投入呢？这样一个理论性的问题也被指出来。就零售业而言，消费者花在购物上的时间对服务生产来说是不可缺少的投入量，也有议论认为应该把消费者的时间投入考虑到零售业的生产函数当中（Oi，1992）。一个自助服务的加油站，司机自行给汽车加油，比起非自助服务的加油站，自助服务式无疑能节省更多劳动力，表面上的生产率也会相应增高。

资本生产率并不是一个频繁使用的概念，它是产出量除以资本存量得到的数字。在农业中早有“反收量”（1反①地的平均产量）这一资本生产率概念，它表示了农产品的收获量与土地资本的比例。上述情况下，产出量不是附加价值额，而是物理的数量。以金额为基准的资本生产率鲜有被使用，它与总资产利润率（ROA）有相似的特征。ROA的分子不是附加价值额的全部，而是其中一部分的营业利润（或者说是经常利润），而分母是用金额计算的资本存量。

劳动生产率容易计算，而且是单纯的比例，所以直观且易懂。但是有一个限制，资本劳动比率（资本储备比上劳动投入量）的不同对劳动生产率会产生很大的影响。例如，电力行业是劳动生产率非常高的产业，那是否和其他产业相比就更有效率呢？其实不好说。即便属于同一产业，不同企业间的劳动生产率也存在很大的差异，而其中一部分差异就是资本劳动比率带来的。

即便从业者人数相同，如果工厂面积扩大，或是购入更多的机械，劳动生产率也会提高，但如果一部分的土地和机械没有得到有效的使用，综合来看很难说生产率是高的。日本的土地面积较小，与国际平均水平相比，日本的反收并不低，但从劳动生产率来看，也不尽如人意。考虑到生产率的增长率，从业者人数不变，如果增加卖场的面积，销售额也会增加，一般的劳动生产率相应增加，但同时有可能会带来资本生产率的下降。

全要素生产率的测算方法

若以劳动、资本为代表的每个生产要素作为分母进行生产率计算（单

---

① 1反约为990 m^2。

要素生产率），如上所述，有一定的限制。将投入的生产要素的量全部纳入考虑范围，会得到怎样的产出量呢？这便引入了全要素生产率（TFP）的概念，因为它是将多个生产要素（劳动、资本）综合考量后得出的生产率，又被称为“多要素生产率”（multifactor productivity：MFP）。简而言之，全要素生产率是劳动生产率和资本生产率的加权平均值。

劳动生产率是以一人一小时多少日元的单位计算，而 TFP 难以直观理解便在于它是没有单位的“指数”。以复数为分母导致没有统一的单位，所以不能以“一人”这种单位加以表述。所谓“指数”，是针对某种基准的相对数字，并不是绝对的水平。它是一种性质的指标，表述为基准的多少倍，或高于（低于）基准百分之多少。

与其把 TFP 看作“水平”，不如理解为“增长率”更为浅显易懂。如果投入量是劳动和资本，产出量是附加价值额，可以按照以下公式进行计算：

TFP 增长率 = 附加价值额的增长率 –（劳动投入增长率 × 劳动分配率）–（资本增长率 × 资本分配率）

劳动分配率是附加价值中，劳动者以工资、奖金等形式领到的金额的比例；资本分配率是出资方以分红、利息等形式得到的金额的比例。社会保险中企业分担的部分也被计算进劳动分配率。劳动分配率、资本分配率（被称作成本份额）是加权平均的衡量标准，从中可以看出对附加价值的贡献程度。不同产业的成本份额不同，即便属于同一产业，各个企业的成本份额也不尽相同。

另外，如果把等式左边作为总生产额（销售总量）的生产率估算（KLEMS① 方式），等式右边需要减去中间投入和服务投入的变化率分别乘

① 产业所运用的资本（K）、劳动力（L）、能源（E）、原材料（M）、服务（S）的基础数据。

以其分配率。实际操作上，把附加价值额、劳动和资本的投入量设置为对数（log）再进行计算的操作方式比较普遍，这种情况下，计算出的 TFP 增长率以对数百分比表示。另外，在测算劳动投入量、资本投入量的时候，也有把劳动力和资本（设备）的品质变化看作投入量变化的操作方式。

和劳动生产率一样，附加价值额也需要去除基准年（例：2000 年）到比较年（例：2015 年）之间的价格变化的影响，用“实质”进行测算。和劳动生产率一样，有些时候用物理的数量替换附加价值代入计算。能够用于测算物的生产率的实物和服务都是有限的，但是实物计算不需要考虑价格影响（通货膨胀或紧缩），从而修正了价格变化，不受计算误差的影响。近来，多用 TFPR 表示以资本为基准的指标，用 TFPQ 表示原材料的指标。

随着科学的进步，同等量的投入如果增加了 10% 的产出量，那么 TFP 便上升 10% 。为了持续提高经济的潜在增长率，必须提高 TFP 的增长率。如前文所述，资本储备的增长率是中长期的内生变量，所以，TFP 的增长率越高，相应的资本储备的增长率也越高。所以，从中长期来看，劳动生产率的增长率和 TFP 的增长率联系非常紧密。换言之，在评价 10 年或者 20 年这样较长时段的生产率增长率的时候，劳动生产率是非常有意义的一项指标。

TFP 增长率的国际比较，只需用各国的数据代入公式算出数字进行比较即可。物价水平的国际比较是没必要做的，它与生产率水平的比较不同。后文中笔者将谈到，对同一实物、服务的价格水平进行国际比较是很困难的，但是在 TFP（或者劳动生产率）“增长率”的国际比较中，只要各国的物价增长率（下降率）是按照同一标准计算的，就不会产生上述问题。

TFP 的“水平”用于生产率的国际比较，以及评价同一产业内企业间的生产率差距。生产率增长率是以两个不同的时间点，即基准年和比较年进行比较，而生产率水平的比较，是在同一时间点，对日本和美国、A 公司和 B 公司进行横向比较。所以，后者将某个国家、某个企业作为基准，表示出与基准的差距。也可以不是特定的国家或者企业，而以世界平均或者产业平均作为基准。另外，同一国家不同产业间（比如制造业和服务业）比较 TFP 水平在技术上的差距也是可行的，但是，关于生产技术完全不同的两个产业之间进行 TFP 水平比较的意义，很多人持反对意见，实际上进行这种比较的情况也是非常少的。

以产业平均作为基准，测算某个企业的 TFP 水平，可以套用以下公式：

TFP 水平 = 附加价值额的产业平均比 − [劳动投入量的产业平均比 × 劳动分配率（产业平均）] − [资本储备的产业平均比 × 资本分配率（产业平均）]

这种计算方法叫作"index number 方式"（指数趋势分析），在生产率的实证研究中被广泛使用。另外，它单纯地表现为"产业平均"，其实成本份额是全企业的算术平均，投入和产出是全企业的几何平均（对数值的算术平均），而假定的"代表企业"作为基准被代入计算。这里为了简化，成本份额表现为产业平均，但采用 index number 方式的实际计算中，产业平均一般当作该企业的平均值来使用。

TFP 水平的计算举例

以产业平均为基准，测算每个企业的 TFP 水平，以数据的形式展示出来（请参照表 2－1）。实际运用企业数据测算 TFP 的时候，附加价值额、劳动投入量、资本储备量都换算成对数再进行计算是比较普遍的，这里为了更浅显易懂，不以对数形式来表现。在这些数据中，产业平均的成本份额是劳动 70%，资本 30%。表中的"贡献度"是产业平均比乘以产业平均的成本份额得到的数字。TFP 计算的右边是去除项目，所以用负号表示。另外，在成本份额这一栏，如果使用了产业平均和该企业的平均值，那 TFP 的数据和表中数据存在一些差异，但其中数量上的差距是非常微小的。

表2－1　TFP水平计算（数值举例）

	附加价值额（亿日元）	劳动投入量（万人·时间）	资本储备（亿日元）
产业平均	100	500	100
成本份额		70%	30%
A公司	200	900	200
产业平均比	100%	80%	100%
贡献度	100%	−56%	−30%
TFP（产业平均比）		14%	
B公司	300	1 500	350
产业平均比	200%	200%	250%
贡献度	200%	−140%	−75%
TFP（产业平均比）		−15%	
C公司	120	500	100
产业平均比	20%	0%	0%
贡献度	20%	0%	0%
TFP（产业平均比）		20%	

（注）劳动投入量、资本储备的“贡献度”是从附加价值贡献度数据中扣除的项目，所以以负数表示。为便于理解，成本份额使用产业平均的数据。

A公司的附加价值额和资本储备是产业平均水平的2倍（+100%），劳动投入量是产业平均的1.8倍（+80%），劳动投入相对较少，所以TFP水平高出产业平均水平14%。另一方面，B公司的附加价值额和劳动投入量都是产业平均水平的3倍（+200%），但是资本储备是产业平均的3.5倍（+250%），资本储备相对较多，所以TFP水平低于产业平均水平15%。从表2－1中的数据可知，在兼顾附加价值额的基础上，劳动投入量或者资本储备量越少，企业产出的附加价值越高，企业的TFP水平越高。当然，相同的投入量，附加价值额大的企业（C公司）的TFP高于产业平均水平（表格中的数值是 20%）。

TFP 水平的国际比较在本质上也是一样的，如果以美国为基准测定日本 TFP 水平，只需要把产业平均换为美国的数据。但是，在进行国际比较的时候，因为货币单位不同，需要把附加价值额（以及资本储备额）换算为同一货币单位，如果是宏观经济的 TFP 比较，则需要运用国家整体的购买力平价（purchasing power parity）进行换算；如果是特定产业的 TFP 比较，则需运用该企业的实物、服务在各国的价格比进行换算。

但是，拿到同一实物、服务的日本（日元结算）和美国（美元结算）的价格并不容易，所以其中有可能混入计算误差。在工业上，通过国际贸易，多个国家都有同一产品的情况比较常见，所以容易比较。但是，在进行服务产业生产率比较的时候，各国的服务品质存在较大差异，所以以很高的精准度进行比较就更加困难了。不仅是 TFP，劳动生产率也是一样的，关于这个问题后文再做详述。

以上是将附加价值额作为产出量进行探讨的案例，粗略计算生产额（总产出量）的情况（KLEMS 方式），除了把劳动和资本作为生产要素，也需要考虑中间投入的实物与服务。虽然都是以资本储备的形式体现，但是现实中的资本储备不仅包含有形资产，也包含无形资产。近年来在无形资产的数据计算上花了不少力气，但实际仍然处于非常不完善的状态。因此在进行实质性制订计算的时候，很多时候只将有形固定资产作为资本储备。

最近，制订政策时经常讨论日本企业的“赚钱能力”，例如，《持续增长的竞争力和潜力报告书》（经济产业省，2014 年）中写到：各企业应许诺达到超过最低限 8% 的 ROE（股东权益报酬率），也有越来越多的大企业公开设定 ROE 的数值目标。从股东的立场来看，ROE 是一个非常重要的经营指标，其利润也占附加价值的一部分，所以，在其他条件相同的情况下，利润的扩大也就意味着附加价值的增加。所以，如果 ROE 上升，TFP 也会随之上升。

但是，即便附加价值额相同，如果降低工资水平，短期内的利润也会增加，其结果就是 ROE 上升了，但 TFP 并没有上升。不仅是日本经济总体（GDP），或者股东的利益，以广泛的利益相关者（包含劳动者）的视角出发，比起利润，附加价值是更具普遍性的指标。所以，虽然利用目的各有不同，但是，作为平价企业和产业总体表现的指标，TFP 比 ROE 更为适合。

产业结构变化和经济增长率

“鲍莫尔成本病”从产业结构的角度论述了经济服务化的机制和宏观经济增长的关系。鲍莫尔（Baumol）是一位美国的经济学家，在 20 世纪 60 年代提出“成本病”的假说：随着收入水平的提高，对服务需求的增加会大于对实物需求的增加。另一方面，生产率增长率相对较低的服务产业的比例偏高，其结果是经济整体的生产率增长率将会呈下滑趋势（Baumol，2012）。

但是，书中还指出：如果上文中提到的服务不是最终消费的服务，而是中间投入的服务，那么服务部门增大比例不一定会带来经济整体增长率的下降（Oulton，2001）。一般而言，服务产业的比例上升对经济整体增长带来的效果依赖于以下两个方面：第一，对实物和服务的需求价格弹性；第二，在生产中间环节投入的实物和服务的替代弹性（Nordhaus，2015）。

以实证数据为基础论证“鲍莫尔假说”的研究不在少数，在 20 世纪后半期，美国的试算结果表明：经济服务化等产业结构的变化对经济整体的生产率增长率造成了年率不低于 0.5% 的负面影响（Nordhaus，2008）。以欧盟诸国为研究对象的结果也确认了“鲍莫尔假说”对经济的影响（Hartwig，2011）。以经合组织（包含日本）诸国为对象，研究分析产业结构转向医疗、教育领域的影响（Hartwig，2012），虽然日本的数据出现异常，除日本以外的其他各国的推算结果均证实了“鲍莫尔假说”的正确性：一般情况下，产业结构的变化会带来经济增长率的下降。除此之外，以医疗服务、教育服务为对象进行实证分析，其结果大部分都验证了这一假说。

最近，《经济政策白皮书（平成二十七年版）》（内阁府）利用 2000 年以后的劳动生产率指标，对鲍莫尔效果进行了验证。其结果表明：在日本（以及美国、德国），鲍莫尔效果的确会对宏观生产率的增长造成负面影响，但其数量的冲击是有限的，每个产业生产率的增长对宏观经济的影响比产业结构变化带来的影响更大。

原本，考虑到需求方的因素，即便想人为地提高生产率增长率更高的产业（制造业）在总产业中的占比，也是无法实现的（盐路，2010）。生产率增长率更高的制造业的名目占比下降是其高生产率增长后（即相对价格增长率的低下）的自然发展结果（Baumol, 2012）。生产率的显著上升带来产品价格不断下降，但是某一特定实物的消费量并不会持续增加，一般情况下会代替其他的实物与服务。电脑的价格随着电脑性能的提升而不断下降，虽说价格下降了，但是也很少有人会购入十几二十几台电脑。总而言之，即便想让产业结构偏向于生产率增长率更高的产业，在政策上也是无法实现的。服务业的需求增长空间很大，提高服务业的生产率才是维持和提高宏观经济增长率的正确途径。

2. 服务产业的生产率很低吗

一般会认为日本服务产业的生产率很低。本小节关于服务产业和服务企业的生产率，会以数据为基础进行深入的研究。前一小节已经谈到，生产率有各种各样不同的概念，笔者会一边强调其中的区别一边进行解说。“日本服务产业的生产率不及其他国家的服务产业和制造业，其中很重要的原因就是政府限制，所以，作为增长战略，新规的制订和价格自由化等改革是不可缺少的”，以上三段论法我们经常看到。我并不是主张这样的说法是错误的，只是，作为前提的实证并不完善。

服务产业生产率的实际状态

笔者希望通过日本产业层面的相关数据，整理出有关 TFP 的观察事实。深尾京司教授、宫川努教授带领团队，在经济产业研究所制作完成了“产业生产率（JIP）数据库　2015”，基于该数据库比较 1970—2012 年间的服务产业与制造业 TFP 的增长率，如表 2－2 所示。JIP 数据库中公布的增长核算将农林水产业、建设业、水电气供给均算入非制造行业，所以表 2－2

将上述业种去除后计算出服务行业的数据。该表中各产业栏目最上一排数字，是未包含劳动以及资本质量上升的“狭义 TFP”，而包含之后的“广义 TFP”则表示在各产业栏目最末排。

表 2－2　制造业/服务产业的 TFP 增长率和明细

		1970—2012	1970—1980	1980—1990	1990—2000	2000—2012
制造业	TFP（狭义）	2.5%	4.2%	3.3%	1.0%	1.5%
	劳动质量的提高	0.6%	0.7%	0.5%	0.5%	0.6%
	资本质量的提高	0.1%	-0.3%	0.5%	0.1%	0.2%
	TFP（广义）	3.2%	4.6%	4.2%	1.7%	2.3%
服务产业	TFP（狭义）	0.6%	1.6%	0.5%	0.2%	0.2%
	劳动质量的提高	0.5%	0.6%	0.4%	0.4%	0.5%
	资本质量的提高	0.1%	-0.1%	0.4%	0.1%	0.1%
	TFP（广义）	1.2%	2.1%	1.3%	0.6%	0.8%
宏观经济	TFP（狭义）	0.9%	2.0%	1.5%	-0.1%	0.4%
	劳动质量的提高	0.7%	0.9%	0.7%	0.6%	0.5%
	资本质量的提高	0.1%	-0.3%	0.4%	0.1%	0.1%
	TFP（广义）	1.7%	2.7%	2.5%	0.6%	1.1%

（注）根据“JIP 数据库　2015”（经济产业研究所）制成。数字为年率。服务产业不包括住宅、农林水产业，建筑业，水、电、气行业。宏观经济不包括住宅，但包括农林水产业，建筑业，水、电、气行业。

从 TFP 来看，制造业为 3.2%，而服务业为 1.2%，服务业的 TFP 增长率较制造业更低。即便以 10 年为单位观察数据也得到相同的结果，无论哪个时期，服务产业的 TFP 增长率就是比制造业更低。计算出的服务产业生产率增长率低于制造产业确是事实。

但是，20 世纪 90 年代以后，宏观经济整体的 TFP 增长率从 2.5% 大幅下降至 0.6%，其原因不仅在于服务产业的 TFP 增长率从 1.3% 下降至

0.6%，制造业的TFP增长率也从20世纪80年代的4.2%下降到了20世纪90年代的1.7%。

另外，无论是制造业还是服务业，劳动和资本质量的上升都对广义TFP的增长率产生了较大的影响。特别是劳动质量的上升在整个统计期间，都呈现了年率0.5%的贡献度。由此可以看出：该期间内劳动者教育水平的提高，对日本的生产率增长做出了持续的贡献。

但是，服务产业中包含有各种各样的业种，具有多样性。"JIP数据库2015"中使用了108个部门的数据，表2-3分别展示了1990—2012年期间（狭义）TFP增长率较高和较低的业种。在服务产业当中，批发零售、电信电话等行业实现了较高的TFP增长率，另一方面，保险业、娱乐业、新闻出版业等行业的TFP增长率为负值。所以，服务产业中不同业种之间的差异性较大，如果只是单纯地比较制造业和服务业两个大业种，容易忽视背后的小业种之间的差异性，请务必注意这一点。

表2-3　TFP增长率高/低的服务产业

增长高的业种		增长低的业种	
业务用品租赁业	4.5%	保险业	-2.1%
电信、电话业	3.3%	其他视频、声音、文字信息制造业	-2.1%
旅馆业	1.2%	邮电业	-1.7%
批发业	1.1%	研究机构（民间）	-1.7%
网络服务业	1.0%	娱乐业	-1.1%
零售业	0.8%	报纸出版业	-1.0%
水运业	0.8%	不动产业	-0.9%
其他个人服务	0.6%	航空运输业	-0.8%
广播业	0.1%	汽修行业	-0.6%
铁路业	0.0%	金融业	-0.4%

（注）根据"JIP数据库 2015"（经济产业研究所）制成。数字为1990—2012年不包含劳动与资本质量上升的"狭义TFP"增长率（年率）。

日本的生产率比国际水平低吗

利用“EU KLEMS 数据库”对国际 TFP 增长率进行比较，如表 2－4 所示。EU KLEMS 数据库是由荷兰的格罗宁根大学研发中心（GGDC）构建，用于进行产业层面国际间的生产率比较。日本的数据以 JIP 数据库为基础，但为了统一各国的定义和计算方法，进行了相应的修正。该表中，欧洲是以英、德、法三国的平均数代入计算，各国可比较 1990—2008 年之间的 TFP 增长率（年率）。该数据库中没有服务产业的总括分类，所以按照批发零售业、运输业、饮食住宿业、专门服务业、个人服务业等加以区分表示。

表 2－4　国际 TFP 增长率对比（1990—2008 年）

	（1）日本	（2）美国	（3）欧洲三国
制造业	1.2%	2.8%	1.9%
批发零售业	1.3%	1.7%	1.1%
运输业	0.2%	1.9%	1.3%
饮食住宿业	0.0%	0.4%	−0.8%
专门服务业	1.0%	−1.6%	−1.0%
个人服务业	0.1%	−1.0%	0.1%
全产业	0.1%	0.3%	0.7%

如表所示：第一，无论哪个国家，服务产业的 TFP 增长率都比制造业更低，服务产业生产率增长率低于制造业并不是日本独有的现象，制造业和服务业之间出现生产率增长率的差距是主要国家的共通问题。第二，至少在该调查期间内，日本制造业 TFP 的增长率低于欧美国家。从 JIP 数据库来看，20 世纪 90 年代之后，日本制造业的 TFP 增长率也呈现下滑趋势，两数据库得出的结论一致。第三，日本服务业中，专门服务业的 TFP 增长

率较国际水平偏高，批发零售业和个人服务业与欧美同等程度，而运输业较欧美更低。

从数据中便可直观地感受到，在日本“失去的 20 年”（经济崩溃后 20 年）中，日本生产率增长率之所以不及其他国家，与其归因于服务产业的 TFP 增长率不够高，不如说是制造业 TFP 增长率的大幅减速导致日本经济的整体表现欠佳。

另外，关于生产率的“水平”，以 EU KLEMS 数据库为基础，对 2005 年日美两国的劳动生产率进行比较，如果美国定为 1，那么日本的制造业为 0.47，批发业为 0.44，零售业为 0.41，饮食住宿业为 0.48，运输业为 0.88，金融保险业为 0.98，针对个人的服务业为 0.91。总体而言，日本的劳动生产率水平低于美国，制造业的劳动生产率水平也是不高的（森川，2014a）。但是，上述数字虽为劳动生产率，也包含了资本劳动比率的不同所造成的影响。

Jorgenson et al.（2015）通过制作 1955—2012 年的日本各产业水平价格指数，对两国的 TFP 水平进行比较。其中的 TFP 水平除了资本和劳动，还将能源、原材料以及中间投入的服务全部作为生产要素加以考量，得出总产出量的 TFP。如果将美国的 TFP 水平定为 1，那么日本经济整体的 TFP 水平在 1960 年是 0.55，仅仅是美国的一半，之后不断缩小差距，1990 年达到了 0.91，已经是非常接近了。

但是，之后日本的 TFP 增长率的上升势头减缓，日美差距再次拉大。2005 年 0.85，2012 年 0.82，日本的 TFP 水平低于美国的幅度近 20%。但是，这个数字是将劳动质量、资本质量作为投入的狭义的 TFP，因为日美之间的劳动质量和资本质量的差距正在不断缩小，如果按照广义的 TFP 来考虑，20 世纪 90 年代以后的两国生产率差距将会缩小 2%。

再看日本不同产业的 TFP 水平（2005 年，美国 = 1），医疗 1.57，钢铁、非铁金属制造业 1.19，汽车制造业 1.16，通信业 1.05 等，均超过了美国水平。另一方面，铁路运输 0.65，批发零售业 0.67，航空运输业 0.74，机械工业 0.86，电脑、电子机械 0.88，其他服务业 0.91，均低于美国水平。所以，不能一概说日本的服务业 TFP 就比美国更低，业种不同，其间差异性非常大。再看产业的经济占比，宏观上是什么造成了日美 TFP 的差距呢？批发零售业、其他服务业、金融保险业带来的负面影响较大，如果提高上述业种的 TFP，宏观经济的数据将会可观许多。

日本医疗服务的 TFP 水平竟然比美国高出 50%，由此可见美国医疗服务的价格比日本更高。价格高意味着修补价差的实质产出量会相对变小。很多人认为日本医疗服务的效率较低，有很大的改善空间，这些都是事实。但是，美国医疗服务的相关论文指出：无论哪个国家，距离理想的生产效率都有一段距离，然而美国的医疗服务存在固有的非效率的问题（Garber and Skinner，2008），也就是资源配置的低效率。从国际比较的视角来看，日本医疗服务的效率并不如一般想象中那么差。

难以测量的服务品质

综上所述，服务产业整体的生产率增长率低于制造业，并不是日本独有的现象，而是主要发达国家的共通特征。第 1 节已经谈到，计算生产率增长率的时候，需要运用实物与服务的价格指数进行缩减，去除价格变动的影响，得出实际产出的变化。因通货膨胀导致同一产品价格升高的情况，名目上的生产额和附加价值额均会增大，但不能因此判定生产率上升了。

但是，现实操作中，实物与服务的价格上升，其中一部分原因是品质的提升，这部分应该理解为产出量的增加。另一方面，实物、服务的品质下降，也应该理解为产出量的减少。例如，电脑和数码相机的性能（CPU 处理速度、记忆装置的容量、像素等）提升带来价格的降低，应该以实际产出量是增加的为前提，再进行计算。是否能够进行正确的判断和计算，主要依赖于使用平减指数得出的物价指数在多大程度上能够修正品质提高的精度。

就医疗服务而言，技术的进步会带来治疗效果的改善，但大量的实证研究表明：品质的提升被严重低估了。研究美国消费者物价指数的 Boskin

委员会报告（1996 年）指出：医疗服务的价格指数未对医疗品质的提升做出相应评价，所以导致年率 3% 的过高评价。医疗以外的领域也是如此，比如快递之类的配送服务，现在可以指定配送的准确时间，消费者的便利性大大提高，本应该评价为服务品质的上升，但现实的物价指数却未进行相应调整。

日本银行调查统计局（2009 年）针对企业的服务价格进行了总括性的研究讨论，指出在以实物为对象的企业物价指数中，品质调整困难的比例为 42%，而服务价格指数中的品质调整困难比例为 65%。综上所述，服务的品质和便利性均被低估（相当于服务价格增长率的过度高估）的现象不仅出现在日本，也是各国统计部门面临的共同难题。

森川（2014a）也谈到，TFP 增长率在过去几十年均为负数的“技术退步”的产业中，很有可能是因为计量方式上的限制，导致产出量中品质的上升被过低评价了。服务产业中这样的业种很多，运用 JIP 数据库进行“思考实验”（Corrado and Slifman，1999），也就是把 40 年间（1970—2012 年）的 TFP 变化率为负数的业种看作 0 变化率，得出：制造业的年率从 0.6% 上升到 0.7%，发生了小幅度变化；而服务产业的年率从 0.4% 大幅度增长到 0.8%，虽然优势不明显，但服务业的 TFP 增长率确实超过了制造业。

综上所述，运用定量评价服务品质的上升在技术上存在很大的困难，服务产业的生产率增长率低于制造业是各国普遍存在的事实，而之所以会出现这样的结果，其中一部分原因来源于“先行统计的计量限度”，笔者对计量结果有所保留。

对服务产业的生产率进行国际比较的时候也会遇到相同的问题。例如，Harchaoui（2016）着眼于服务部门的生产率统计问题，探讨统计精度的不同对欧美间生产率增长率差距造成的影响，结论是在服务生产者的价格统计方面，欧洲比美国延迟太多，1995 年之后欧美间的生产率增长率的差异，很有可能受到了上述物价统计精度差的影响。

现在，国际价格数据比较中，以世界银行、经合组织、欧盟为中心构筑的国际比较方案（ICP）的数据是最具代表性的，以该数据为基础而计算出的购买力平价（PPP）被用于生产率和收入水平等多个项目的国际比较当中。将来，运用价格比较网站等网络上的数据进行国际价格比较也是有望实现的。

但是，服务和农产品、工业制品不同，后者进行贸易的操作性更容易，但多数情况下都不能在两个不同的国家找到相同的服务。比如饮食店，因为大多数国家都有麦当劳，因而有些时候用汉堡的价格作为 PPP 的代理变量来使用。与此相对，在各国寻找同样品质的寿司店或者怀石料理店，再进行价格比较是非常困难的。每个国家都有铁路和出租车，我们可以针对每人的车费进行单纯的比较，但是运行频率、时间的准确性、司机关于市内设施所在地的相关知识等，没法保证上述服务的品质是一致的。

日本生产率本部在 2009 年实施了一项“比较日美两国在同一服务领域的商品品质水准调查”，该调查覆盖了地铁、出租车、便利店、快递、美容理发等 20 多个行业，结果显示：日本的服务品质比美国高出 5% ~10%，特别是运送旅客的服务质量，日本甚至高出美国 20%。另外，不仅日本人，美国人也同样高度评价了日本的服务。所以，日本服务产业的生产率水平很有可能被过度低估，由此也不难看出，生产率水平的国际比较结果含有一定的计量误差。

结论是日本服务产业的生产率很低吗

综上所述，第一，观察 TFP 增长率，至少在统计数字上，服务产业的生产率增长率低于制造业，但是，这不是日本独有的现象，而是各国共通的问题。第二，即便同属于服务产业，业种不同性质不同，既有 TFP 增长率很高的业种，也有很低的业种。第三，对近年的服务产业 TFP 增长率进行国际比较，日本既有增长率较低的业种，也有增长率较高的业种。谈到“失去的 20 年”，日本制造业的 TFP 增长的势头明显减缓。第四，比较日美两国的 TFP 水平，同属服务产业的不同业种间也存在差异，日本的批发零售业、运输业等的 TFP 水平较低。第五，有关服务品质的评价在国际比较中存在相当程度的计量困难，最后得出的数字需慎重解释。

日本服务产业的生产率增长率很低已经成了共识而广泛流传，上一节我也谈到，之所以会产生这样的感觉，会不会是把丰田、松下、佳能等日本代表性的制造企业与消费者身边的服务事务所进行了比较。可是，服务产业中也存在综合商社、先进的信息产业等生产率高的企业和业种，而制造业中也同样存在低生产率的企业和业种。

无论如何，在经济整体中占有较大比例的服务产业的生产率提高，对包含日本在内的许多国家而言，都是提高宏观经济效果的重要课题，这一点是没有异议的，而是否能够成功提高服务业的生产率也直接影响了整个经济的宏观表现。另外，服务产业生产率存在很大的提升空间，这一点笔者之后会详谈。因此，在考虑相应政策的时候，不要以“服务产业生产率低”的观点出发，而是对企业、事务所的数据进行实证分析——什么样的企业生产率高？生产率低的企业为什么能存活下来？具体在哪个地方有怎样的“市场失败”？必须找到明确的数据来回答上述问题。

3. 提高服务产业的生产率，可能实现吗

由以上可知，服务产业的生产率增长率或高或低的基本问题虽不能轻易得出准确的答案，但是有一点可以确定：现实的同一国家同一产业中，生产率增长率高的企业和低的企业是并存的，生产率水平参差不齐的现象非常明显，服务产业生产率的上升空间非常大。

不仅是服务产业，所有产业的生产率提高均包含以下两个方面：①每个企业、事务所的生产率增长（内部成效）；②通过新陈代谢促进产业整体的生产率提高（淘汰与新生以及再分配）。其中有关第②点，如本小节后半部分的论述，提高产业整体生产率的潜在空间是非常大的，可以通过市场竞争促进产业的新陈代谢，从而提高产业生产率水平。另一方面，内部成

效可由规模经济、创新、全球化、企业管理等各种要素综合产生效果。虽然在本书的其他章节也会涉及相关内容，但为了让读者有整体把握，以下稍作说明。

规模经济与范围经济

在生产技术方面，有关是否存在“规模经济”（economy of scale）和“范围经济”（economy of scope），以及其大小、程度，以前主要以制造业为对象进行了大量的实证分析。就规模经济而言，将“事务所规模经济”和“企业规模经济”进行区分考量。例如，高速增长期的钢铁业中的高炉，石油化工业中的乙烯装置的规模化不断推进，就是以活用工厂规模经济为目的。在商业上，比起中小型小卖部，店铺大规模经营的优势也反映了店铺规模的经济效应。

另一方面，企业规模经济的原理虽然与单个事务所相同，但是同一企业可运营多个事务所，有效提高生产率。在制造业中，拥有多家工厂的企业统一对产品的开发、设计、制造技术、材料、零部件进行调配和管理，提高了工作效率，所以，其生产率高于只有一家工厂的企业。

服务产业中最典型的是零售业和饮食店的连锁经营模式。灵活运用共通技术、共有信息网络、间接业务由总公司统一处理、批量进货、店铺宣传活动一致等都是提高效率的积极因素。当然，企业规模也并非越大越好，规模过大会带来经营判断的迟缓、组织结构复杂等“大企业通病”。另外，经营者的能力也是制约企业规模扩大的重要因素。

范围经济是指一家事务所或者一家企业同时进行多个业务（多角化）而带来的相乘效果。所谓相乘效果，即同一种经营资源可以运用到多个业务中，或者不同业务间技术的相互补正等。过去某时期，在产业组织论和金融体系的研究中，指出了以联合集团为代表的过度多角化企业表现欠佳的问题，强调了业务“选择与集中”的必要性。其背后的运行机制源于企业内部资金市场的低效率资源分配。但是，近年来有关业务多角化优势的实证研究也不在少数（Maksimovic and Phillips，2007，2013）。

一般而言，多角化会产生正面的影响还是负面的影响，取决于业务间的相乘效果和企业内资源分配的效率问题。所以，如果业务之间运用的技术相近，或者多个业务之间存在某种互补关系的情况，多角化一般会对生产率产生正面的影响。另一方面，如果企业内部资金市场效率较低，将中心业务与关系较远的领域进行多角化操作，很有可能会带来负面的效果。

以连锁便利店为例，现在的便利店不仅是卖东西，还能寄快递、取快递、ATM 存取款、喝茶等，因提供了各种各样综合性的服务而取得成功。另外，在美国，随着越来越多的加油站改成自助服务形式，加油站与便利店的合并也是活用范围经济的典型案例（Basker et al.，2015）。

笔者以 10 种个人服务业为对象进行研究分析（森川，2014a），确认了事务所规模经济、企业规模经济和范围经济的存在。进行生产系数的推算，当资本和劳动系数的总和（规模弹性值）超过 1 的时候，如果资本和劳动均增加 1 倍，产出量会增加 1 倍以上，从而确定了规模经济的存在。将以事务所作为单位的数据进行测算的时候，规模弹性值体现的就是事务所规模的经济，运用企业的数据进行测算的时候，规模弹性值体现的就是企业规模的经济。另外，如果运用事务所数据推算生产系数，企业规模和其所拥有的事务所数量作为说明变量亦包含在其中，所以能同时观察到事务所规模经济和企业规模经济。笔者所进行的便是这种类型的推算。

运用事务所的微观数据进行分析的结果显示：作为研究对象的 10 种服务业中，有 9 种的规模弹性值超过 1，平均数为 1.2。若事务所规模增加 1 倍，TFP 会升高多少个百分点呢？具体的数字换算参照表 2－5（1）列。以附加价值为基础的生产率（TFPR），服务业的平均值为 32%。以全年用户人数等数字来进行计算的情况，得出的数据偏小，但也可以看出，服务业的事务所规模增加 1 倍，生产率（TFPQ）平均提升 19%，两者之间的关系非常紧密。

表2-5　事务所的规模经济、企业的规模经济

业种	(1) 事务所的规模经济		(2) 企业的规模经济	
	TFPR	TFPQ	TFPR	TFPQ
电影院	18%	11%	30%	57%
高尔夫球场	42%	-5%	12%	7%
网球场	44%	0%	16%	59%
保龄球场	22%	41%	12%	13%
健身房	15%	27%	43%	51%
高尔夫练习场	66%	69%	9%	14%
文化中心	-6%	3%	43%	—
剧场	22%	—	—	—
结婚会场业	11%	-9%	15%	—
美容业	83%	36%	78%	37%
(平均)	32%	19%	29%	34%
零售业	50%	—	45%	—

(注) 根据森川 (2014a) 制成。事务所的规模经济表示：根据推测出的规模弹性值，如果事务所规模增加2倍，TFP会提升百分之多少。企业的规模经济表示：拥有多个事务所的企业与单个事务所相比，TFP会高出多少。TFPR为附加价值额，TFPQ是以数量为输出值的数据。不存在输出数量数据的业种（剧场、零售业），以及在统计学上无意义的情况用“—”号表示。

分业种来看，高尔夫练习场、美容业的事务所规模经济较大。运用“商业统计”（经济产业省）的事务所数据，分析得出零售业的规模弹性值为1.3，小卖部的规模扩展1倍，生产率（TFPR）会提高50%。换言之，相较于小规模的服务事务所，大规模事务所的生产率更高，扩大规模的优势明显。但是，服务产业具有“生产和消费的同时性”，并不是在任何地方都能开设大规模的事务所，开设场地周边（商圈）的消费者和需求家庭的密度均会制约事务所规模的扩大，望读者务必注意这一点（请参照第5章）。

以虚拟变量（拥有多个事务所的企业）的函数来计算企业规模的经济，10个业种中9个业种的推算系数是正向的，平均值约为0.24，从而确定了企业规模经济的存在。将上述结果换算成百分比如表2－5（2）列所示。拥有多个事务所的企业旗下的某一服务事务所，比起一企业一事务所的情况，平均TFP高出29%，如果用TFPQ（以企业产量为基础）进行计算，则高出34%，差距更加明显。

在服务产业中，电影院、健身房、美容等行业的企业规模经济较大。零售业的系数约为0.37，拥有多家店铺的企业旗下的某一小卖店，比起单独一家经营的小卖店，TFPR高出约45%，差距非常大。所以，就服务业和零售业而言，大企业开展连锁店铺的经营模式，可能有助于大幅度提高生产率。

再说范围经济，在过去的分析中经常用到赫芬达尔指数等各种各样的多角化指标，而笔者的分析着眼于主营业务的比例。若主营业务的销售额占比增加，生产率也相应提升，那么多角化经营便是不可取的。相反，若主营业务的占比降低，生产率反而提高，则说明范围经济是存在的。推算结果显示：10个服务业种的主营业务比率与生产率之间出现了负相关关系。所以，不限于某一种服务，同时综合开展其他的业务，有利于店铺、设施以及劳动力的有效利用，还能发挥出相乘效果引流（吸引客户）。

引起生产率上升的“内部效果”

除规模经济、范围经济以外，还有各种各样的企业特性、企业活动会影响生产率。TFP经常被解释为技术水平，而TFP增长率则被解释为技术水平的进步，创新是提高企业、事务所生产率的重要因素。实行创新生产的企业TFP数值更高，这在第3章将会进行详述。另外，IT技术的活用、无形资产投资带来实物与服务的开发、生产以及流通方法的革新，也和企业的生产率水平息息相关。

第6章会谈到，贸易和对外直接投资带来了企业活动的全球化，它通过“出口学习”（learning-by-exporting）等机制，也有可能提高企业的生产率。最近，服务型贸易和服务企业的对外直接投资极速增加。企业的全球化程度越高，其生产率越高，也只有生产率高的企业才能将业务发展至海外，企业的生产率好比进入海外市场的“通行证”，另一方面，某些研究表明：贸易和直接投资会引进海外的知识和优秀的技术，从而产生提高生产率的效果。

近年来，有关“经营质量”和生产率关系的研究迅速发展。经营质量包含各种不同的概念，优秀的企业管理机制和良好的雇佣关系会直接影响到经营管理者、劳动者的积极性和自发性，进而提高劳动生产率。关于这一点，本章第 4 节将会进行论述。

TFP 的数值大小不仅看产出量，在产出量不变的情况下，还可以通过投入值的有效利用，实现 TFP 的增加。特别是服务行业具有“生产和消费的同时性”，需求变动会对 TFP 数值的计算产生很大的影响。所以，通过调整劳动投入量（根据生产变动进行相应调整），设定合理价格和市场营销策略，以实现生产平准化（即平均开工率的提高）。而制造业是以库存作为缓冲，实现生产的平准化。劳动投入量的调整详见第 4 章，有关开工率会在第 7 章进行说明。

从地理环境方面进行分析，服务产业所处场所的人口密度越大、经济活动越频繁，其 TFP 值越有增长倾向，国内经济活动的分布对服务企业、事务所的生产率影响巨大。如前文所述，服务产业中存在事务所的规模经济形式，所以，地处大都市的优势，通过规模经济，可以间接产生正面的效果。有关上述集聚的经济效果，第 5 章还将涉及。

企业间的生产率差距

不仅限于服务业，在同一产业中，企业、事务所之间的生产率水平也存在很大的差距，近年来，通过微观数据进行的实证研究已经充分说明了这一点（Bartelsman and Doms，2000；Syverson，2011）。所以，在考量提高生产率相关政策的时候，不仅要看产业层面的平均值，进一步观察生产率的分布也是非常重要的。

根据“企业活动基本调查”（经济产业省）分析：排名靠前 10% 的企业的生产率水平是排名靠后 10% 企业的 2 倍，甚至更多（请参照表 2－6（1）列）。该表格以对数表示 TFP 水平，如果数字大于 1，则表示 10% 优良企业的 TFP 水平是低生产率企业的 2 倍以上。在此列出了 2013 年的数字，其他年次也是同样的。表示整体分布分散程度的对数请参照表 2－6（2）列，从对数分布数据可知：服务业企业间的生产率差距比制造业更大。“特定服务产业实况调查”“商业统计”（上述两项调查均出自经济产业省）等事务所层面的统计数据也表明：同一产业类别中，不同事务所之间存在很大的生产率差距。

表 2－6　企业间的 TFP 差距

产业	（1）P90－P10 差距	（2）对数分布
全产业	1.100	0.245
制造业	1.005	0.228
服务产业	1.170	0.257
批发业	1.211	0.263
零售业	1.134	0.227
信息通信业	1.071	0.246
服务业（狭义）	1.168	0.278

（注）根据“企业活动基本调查”（经济产业省）的微观数据（2013 年）制成。（1）列为 TFP 分布 90 个百分点和 10 个百分点的企业之间的差（对数点）。

如果以不同产业进行对比，那么服务产业企业间的生产率差距大于制造业，在服务产业中，服务业（狭义）以及批发业的生产率差距较大。换言之，如果同一产业内的生产率分布和市场占比份额发生变化，那么产业总计的生产率可能发生较大变化。

以 2013 年的数据为基础，假如将生产率分布未达到平均值的企业的

TFP 提高到平均水平，那么产业整体的 TFP 能实现多大程度的增幅呢？假定计算的结果是：制造业整体的 TFP 增幅约 6%，零售业增幅约 14%，服务业（狭义）增幅约 18%。以服务产业整体进行计算，涨幅约 14%。上述方案达到了 10% 以上的生产率涨幅，而现实情况是近年的宏观 TFP 增长率（年率）不到 1%，由此可见其潜在效果。若生产率分布处于排名末端的企业全部退出市场，由排名靠前的企业占领其市场份额，那么 TFP 的增幅将会更大。

新陈代谢与生产率提高

效率低下的企业、事务所退出市场，被高效运作的企业、事务所所替代，那么产业整体的生产率水平将大幅度提高，这叫作“纯加入效果”。另外，存续的企业、事务所当中，生产率相对较高的企业、事务所不断扩大市场占比，而生产率相对较低的企业、事务所被迫缩小市场份额。那么，即便每个企业的生产率均不发生变化，也能达到产业总体生产率提高的效果，这就叫作“再分配效果”，“纯加入效果”和“再分配效果”均被解释为新陈代谢的效果。

通过大量的实证研究可知：企业的新陈代谢带来产业整体生产率上升，其效果是非常明显的。制造业的生产率提高一般通过“内部效果”（各个企业、事务所的生产率提升），而服务业中新陈代谢的作用是非常重要的。

例如，Foster et al.（2006）指出，20 世纪 90 年代，美国的零售业通过“IT 革命”发生了巨大变化，库存管理、扫描、信用卡处理等先进的 IT 技术被广泛运用，劳动生产率在 10 年时间上升了 14%，几乎可以全部归功于新陈代谢的作用（生产率较高的企业进入市场，生产率低的企业退出舞台）。

日本一直非常重视创业，也为创业制定了各种各样政策性的支援措施。通过“经济活动调查”（2015 年）数据观察新事务所的开设情况，服务业事务所占大部分，2009—2012 年的 3 年间，新设的事务所约 44 万家，其中批发零售业、住宿零售业占一半以上，其次是医疗福利业占一成左右。另一方面，制造业的新设事务所约为 1 万家，仅占总数的 3.6% 。因制造业事务所（工厂）的规模相对较大，新设事务所的附加价值和从业者数占事务所总数的 8.5% 。但即便考虑到这一点，制造业事务所的新设比例也是非常低的。

再以年率换算开业率，整个产业的开业率为 1.6% ，而停业率高达 5.2% 。日本的开业率很低，停业率大幅度超过开业率的说法确实不假。单就开业率而言，制造业为 0.6% ，服务业为 1.7% 。服务行业中，住宿饮食业（2.9% ）和医疗福利业（2.8% ）的开业率较高。但是，总体而言，服务产业的停业率更高，与制造业的 4.7% 相比，服务业整体的停业率高达 5.3% 。其中信息通信业（8.1% ）和住宿饮食业（6.8% ）的停业率尤其高。所以，就开业停业率的数据而言，服务业的新陈代谢比制造业更加活跃。

进一步分析开业、停业事务所的属性与特点，“独立事务所”的停业率高于开业率，而“分公司、分店”的开业率高于停业率。所以，坐拥多个事务所的企业旗下的分所数量越来越多，而独立事务所占比越来越低。这是制造业和服务业共有的倾向，同时映照了前文所述的企业规模经济和整合动向。

与制造业相比，服务业企业间的 TPF 差距更大，所以，服务业更能通过新陈代谢来提高产业总体的生产率。但是，把产业总体的生产率增长率分解为内部效果和新陈代谢效果，其结果显示：日本的服务行业到目前为止，新陈代谢几乎没有为产业总体的生产率增长做出贡献（森川，2014a）。

在美国的零售业现状中可以清楚地看到新陈代谢效果。但是，住宿业、医疗行业等服务业种以及限制类产业中，企业间的资源再分配是非常有限的（Chun etal.，2015）。另外，最近的研究指出：2000 年以后，美国经济中年轻企业的加入、退出以及快速增长的活力明显降低（Decker et al.，2014，2015）。

Guner et al.（2008）虽然没有把目标对准新陈代谢效果本身，但是作者模拟了欧盟和日本面向中小规模企业的优惠政策对事务所平均规模以及生产率的影响。欧美之间、日美之间在宏观经济层面产生的生产率差距，大部分源于上述政策的影响。活跃的市场竞争是新陈代谢的源泉，对中小企业的过度保护政策有可能阻碍服务产业的生产率提高。

最近的“新贸易理论”认为：企业间的生产率差距很大，只有生产率高的企业才能跨越国境的屏障，进行出口的业务。另外，以制造业为代表的贸易行业中，贸易自由化通过新陈代谢效果，能够提高产业总体的生产率。近年来，服务贸易快速发展，在服务贸易行业中，也只有生产率高的企业才能进行服务出口的业务（请参照第6章）。

最近，EPAs 颁布了包括 TPP 协定在内的多项促进服务贸易自由化、保证贸易顺利开展的措施：降低农产品和工业产品的关税，缩小或撤销对进出口产品数量的限制。GATS（服务贸易总协定）和涉及服务产业领域的 EPAs 的扩大，可能会提高服务产业新陈代谢的效果。

如上所示，通过每个企业、事务所生产率增长所带来的“内部效果”，与企业加入、退出的“新陈代谢效果”相结合，可见日本服务产业生产率的提升空间还非常大，基本可对本节的章节题目做出解答。

4．所谓经营质量

经营质量和生产率

前一节已经谈到，同属性同业种内的企业间生产率差距是非常大的。紧接着，理所应当得出如下疑问：什么样的企业生产率高，什么样的企业生产率低呢？大量的实证研究分析了不同企业的特性与生产率之间的关系，其结果是：业种、企业规模、外资比例、IT 利用等可观测的企业特性所无法解释的“经营质量”——企业固定效果——的影响是非常大的。

一般而言，提高企业效率和生产率的运行机制有两种：①来自实物、服务市场的竞争压力发挥很大的作用；②通过企业管理形成的内部规则也是非常重要的。在最近的经济增长战略中，把企业管理体制改革作为一个重要的立足点，就是将焦点对准了上述第②项运行机制。

前文已经多次提及，大多数服务产业具有“生产和消费的同时性”这一特征，所以服务市场受到地理范围的限制，来自市场的竞争压力较制造业更小，因为制造业直面的是国家之间、地区之间的激烈竞争。根据笔者所做的企业调查（“与企业经营和经济政策相关的调查”2012 年）：服务产业中有 39%、制造业中有 18% 的企业不参与国际竞争，可见服务业的数据高达制造业 2 倍以上。如果服务行业来自市场竞争的压力较小，那么，企业内部规则对提高服务企业效率化的作用便更加明显。

企业管理和“经营质量”密切相关，有关经营品质，以斯坦福大学的布鲁姆教授和伦敦政治经济学院（LSE）的凡·里宁教授为中心的研究小组对企业进行了详细的采访和调查，根据真实有效的采访数据（“世界管理调查”：world management survey），发表了一系列优质的研究成果。针对“监控”“目标设定与管理”“激励”等 18 项企业常用的管理手段进行打分（最低 1 分，最高 5 分），不同国家有自己的国情，首先，就发达国家而言，不同企业之间，经营的质量有巨大差距。

经营质量的分数越高，企业的生产率越高，企业间 TFP 的差距约四分之一源于经营质量的差距。而且，在市场中直面激烈竞争的企业、跨国企业和出口企业，其从业者的资质（教育水准）越高，经营质量的分数也呈现相应的偏高倾向。另外，企业所有者的组成和管理也会影响经营的质量。例如，家族企业——尤其是血缘关系继承制的二代以后的企业——其经营的平均质量呈现偏低倾向。根据笔者的分析（森川，2014a），在日本，同族企业的 TFP 增长率比起非同族企业，年率会低 2%。布鲁姆教授团队的研究是以世界各国企业为对象的，其中关于日本的分析与笔者的结论达成一致。

之后，学校、医院等公共服务领域也开始计算经营质量。例如，公立医院的经营质量指标与制造业相比总体偏低，经营质量不仅看财务报表的数据，还与患者的治疗效果息息相关（Bloom et al.，2015b）。另外，高校的经营质量与学生成绩有很大关系，校长的领导和责任心也非常重要（Bloom et al., 2015b）。治疗后患者的生存率和学生的成绩，可以说是体现医疗服务和教育服务产出质量的重要指标。总而言之，公共服务的经营质量也是影响生产率的重要因素。

话题可能扯远了一些，经营质量还与工作、生活、平衡（WLB）有关，经营质量越高的企业，其工作生活的平衡也掌握得更好（Bloom et al., 2011b）。有意思的是，虽然 WLB 与生产率之间存在正比关系，但是如果控制经营质量对 WLB 的影响，这种正相关的关系便消失了。换言之，WLB 与生产率既不协调互补，也不是双赢的关系。所以，他的结论是：改善 WLB 并不能提高企业的生产率，同时，也不会产生负面的影响。经营质量的提升才是同时改善生产率和 WLB 的关键因素。

“世界管理调查”也涉及日本的企业，从结果来看，日本企业的经营质量相对较高（Bloom and Van Reenen, 2010）。换言之，日本企业经营的平均分（3.15）高于 17 国的平均值（2.94）。日本以外，美国（3.33）、德国（3.18）、瑞典（3.18），数值均高于英国（2.98）和法国（3.00）。与此相对，中国（2.64）、印度（2.65）、希腊（2.65）、巴西（2.69）等国家的企业低于平均值。更为重要的是，同一国家中，企业间经营质量的差距是非常明显的。

遗憾的是，作为日本企业参数值的公司仅有 180 家左右。另外，该项调查原本是以制造业中的中坚企业为对象，之后虽然追加了医疗、教育、零售等业种，但服务企业的覆盖率是非常有限的。在日本，宫川努教授带领开展了“世界管理调查”，以日本企业和韩国企业为对象，进行了两次独立调查，其中包含了大量服务业企业（宫川等人，2015）。调查结果显示：以平均值来看，制造业与服务业之间没有显著差别。另外，在日本企业中，“经营质量”指标越高的企业，其生产率越呈现偏高倾向。在提高服务行业生产率方面，企业管理和劳务管理可能发挥非常关键的作用。

怎样的企业管理对生产率提升有益

再回到企业管理和生产率的话题，与企业管理有关的实证研究涉及许多方面，例如股份所有制结构、人力资源管理（HRM）、激励报酬（股票期权）等均会影响企业的生产率水平。有关股份所有制结构，之前已经论述过，创业者家族持有支配权股份的同族企业里 TFP 值偏低，该种现象同时出现在制造业和服务业。

另一方面，在日本企业中，一般投资者、金融机构、合作企业等家族以外的人持有多少股份并不影响生产率水平。有关外资的股份持有，根据笔者自身的研究，横向比较的结果显示：在服务产业中，外资企业的 TFP 值偏高，但是并不能得出提高外资比例后 TFP 值会相应增高的因果关系。与其说外资比例越高、生产率越高，不如说外资的投入具有明显的甄别效果，外资会选择 TFP 更高的企业投放资金。

欧美的企业管理研究强调控制经营者的过度冒险，但是近年来，日本企业的问题是太过缺乏冒险精神。最近，在各种各样的行规和公司内部规则的控制下，面对烦琐的检查流程，管理层和职员们对新事业和新投资都持消极回避态度。笔者推测在日本的大企业中，这种影响还会更大、更严重。

冒险的代价越来越大，成功的回报如果很小，人们自然会回避新产品、新服务的开发，以及新事业、大型投资等失败风险较高的选择，转而遵循旧路，采取风险低的行动。关于这一点，笔者认为针对经营者和从业人员采取激励报酬——前文所述“经营质量”指标的其中一项——是改革日本企业管理模式的关键点。

许多研究都证明了激励报酬对生产率带来的正面效果，笔者以股票期权制为对象所进行的实证研究中（森川，2014a），也证明了股票期权的导入推动了之后 TFP 值的上升。导入股票期权制后，研发高风险、高回报率的投资确实有所增加。

前些年由于股票市场的低迷，采用股票期权制的企业数量并不多，但

2012 年末以后，股价有所回升，降低固定的报酬比例，采用股票期权将薪资体系与员工报酬挂钩的企业越来越多。2015 年东京证券交易所采用的“Corporate Governance Code”（企业管理方针）提出“为经营管理人士的适当风险投资准备好环境”，从而进一步推动了上市企业的业绩联动型和股份报酬型的薪资模式。

围绕企业管理的通识和结论

有关企业管理，引进、增加外部管理人员和女性管理人员的趋势非常明显。有关企业管理的经济效果已经有了大量的研究，根据研究成果制定合适的制度方针是非常有必要的。一般认为，从外部引进（独立）管理者的作用有两个：监控和建议。前者是为了防止经营者乱来和负面事件，将伤害值降到最低。后者是从外部人员的视角，看准商业时机，提出大胆的事业革新战略。

对照日本企业的现状，对外部管理者的建议功能抱有很大的期待，“企业管理方针”表现为“进攻型管理模式”。强化外部管理者的功能经常会成为负面事件发生的契机，所以法律专家和学者们认为独立性越高、越纯粹的外部管理者越好。但是，从提高企业生产率的观点来看，并不是这么简单。如果没有事业相关的丰富知识和经验，是很难提出有建设性的意见的。

针对增加、引进外部管理者是否会提高企业的经营效果，公司内外进行了大量的实证研究——外部管理者的任命对企业价值产生的效果、外部管理者的数量与利润率的关系等（代表论文是 Adams el al. , 2010）。将上述研究成果进行大胆总结：最适合的外部管理者人数和独立程度取决于不同企业的不同特性，不能一概认定增加外部管理者有利于企业的发展。总而言之，针对研发集约型企业和成长空间很大的年轻企业，建议提高外部管理者的比例；与此相对，针对传统型的大企业，建议独立性较高的管理者构成体系（Coles et al. , 2008；Linck et al. , 2008）。

在美国，以安然丑闻为背景，2002 年颁布了《SOX 法案》（即《索克思法案》）以及相关的证券交易所制度，针对上市企业，必须设置由独立管理者组成的监察委员会。但是，之后的几项实证研究也表明，《SOX 法案》同样带来了各种各样的副作用。

例如，Linck et al.（2009）和 Ahmed et al.（2010）证明：《SOX 法案》带来管理者报酬成本的增加，对企业收益产生负面影响。Duchin et al.（2010）认为《SOX 法案》所追求的外部管理者的有效性取决于该企业用于获取信息的成本多少。如果成本较高，那么外部管理者的增加会导致企业经营的恶化。

以上实证研究证明，理想的管理人员构成根据事业领域和企业战略的不同而有所差异，如果机械地以统一规则加以强制规定，会带来不少危害。关于这一点，日本的企业管理方针并不具有法律的强制约束力，该方针要求“遵守”或“解释”，换言之，如果拒绝实施该原则，必须说明理由，企业承担举证责任。根据各自不同的特性和经营战略，企业如果判断配置多位外部管理者是低效甚至无效的，那么请积极进行说明。另外，也期待投资家们对那些舍弃千篇一律、敢于说明观点的企业给予更高的评价。

有关女性管理者，挪威的法律规定：管理者的 40% 必须是女性，这些女性管理者可以是从外部引进的，也可以公司内部原有的。Ahern and Dittmar（2012）的实证研究印证了上述法律规定的效果：缺乏经验的女性管理者激增导致企业价值大幅度降低，为了回避这条规定，许多企业倾向于不上市。不同的企业需要不同的管理人员组织，如果一味地加以强制规定，其危害是显而易见的。

之后，Bertrand et al.（2015）研究报告指出了该制度推行后，重新任命为管理者的女性比例虽然增高了，但并没有发现对其他女性产生任何积极的影响，也没有影响一般女性的事业选择和规划。在此之外，政府也表态：平权行动对于解决女性代表过少的问题，是否会产生广泛的效果，需慎重探讨其中的可能性。

确实，日本的女性管理者的数量很少，特别是上市企业和历史较长的企业（Morikawa, 2016b）。所以，从短期、中期来看，即便女性管理者的任用会增加成本，暂时不能带来有意义的效果，但是从长远的视角出发，它也许能够增加企业的多样性，从而带来正面的影响。和外部管理者一样，针对女性管理者的配置问题，不能单纯地复制其他公司的选择，而是应该根据不同企业的特性和经营战略，选择最适合自己公司的方案。

针对外国已经实行的制度和政策，必须在前人结论的基础上，探讨制度改革的利害得失。提高企业生产率不仅有利于服务产业的发展，公司股东和其他就业人员也是乐见其成的。制度改革对生产率，乃至整个公司的发展会带来怎样的效果呢？事后的验证总结是非常重要的。

但是，有关企业管理的制度和政策，大多数情况仅针对上市大公司。从宏观经济生产率提高的观点出发，企业中的大部分都是非上市企业和中小型企业，这些企业的管理改善也是非常重要的课题。有关非上市企业、中坚企业、中小企业的研究仍存在不足，覆盖所有大小企业的实证分析是今后努力的方向。

5. 将提高服务产业的生产率作为发展战略

提高服务产业生产率的课题

本章将从宏观和微观两方面审视经济服务化与生产率之间的关系。经济占比大的服务产业的生产率将会影响整个经济的潜在增长率。有关日本服务产业生产率总体较低的说法是缺乏证据支撑的，但是大量的实证事实已经说明：服务产业的生产率还有很大的提升空间。那么，具体而言，怎样的政策是有效的呢？以下各章节将会针对经济服务化背景下的经济政策，依次进行论述和说明。作为本章的结束部分，笔者仍然将焦点对准生产率的提高，整理出主要的课题。

如上文所述，产业的生产率提高通过“内部效果”和“新陈代谢效果”来实现。首先，希望每个企业都能积极地致力于生产率的提高，促进企业向前努力的政策以及改革阻碍生产率发展的制度便是政府应当发挥的重要作用。

就内部效果而言，希望能充分发挥企业规模经济、事务所规模经济和范围经济的作用。大企业的连锁经营模式已经在某些服务业中开始运行，它对提高服务业生产率的效果应十分显著。密集城市等提高都市密度的政策和大都市圈的设施装备是扩大事务所规模的前提条件，同时也能发挥出高密度的经济效果，从而提高服务事务所的生产率水平（请参照第 5 章）。企业管理通过提高“经营质量”促进生产率的发展，其效果不仅限于服务产业。从风险的观点出发，股份等业绩联动的薪资报酬形式也是值得期待的。关于这一点，已经进行多次的制度修正，现在与其说它是一个总的政治课题，不如说它是每个企业所面临的内部选择问题。

创新是提高生产率最基本的源泉，这一点是毋庸置疑的。另一方面，有关研发投资等无形资产投资的税务制度和支持性政策也会起到很好的效果（请参照第 3 章）。另外，劳动力质量的提升和创新能力可并称为国家总体生产率提高的支柱，虽然不能马上看到显著的效果，但是，作为国家的基本政策，从初等、中等教育到研究生教育的品质提升应该放在优先的位置。

针对一些需求时间和季节性变动较大的业种，灵活地调整劳动投入量是非常重要的。实际上，在酒店住宿业等需求变动较大的行业中，根据时间单位对人员进行最优化的配置，有可能大幅度地提高行业的生产率水平。为了配合上述企业的努力，从提高生产率的角度出发，希望政府能制定相应的劳动市场制度。

但是，这一点又和非正式雇佣问题密切相关。安全网络的整备、非正式劳动者的人力资本投资（教育、训练）等相应政策的配合和支持也是必不可少的（请参照第 4 章）。当然，在调整投入量之前，需求的平均化对服务业企业的生产率提高有很大影响。关于这一点，企业自身有很大的调整空间，比如利用 IT 技术细致地设定价格、策划市场营销活动等（请参照第 7 章）。

另一方面，新陈代谢效果是市场机制下竞争的结果，比起依靠每个企业的努力，它更是一个制度上和政策上的课题。包含各种资格制度的服务市场准入规则的放宽和合理化（请参照第 4 章）、WTO 和 EPAs 带来的服务贸易的扩大（请参照第 6 章），都可能扩大服务业领域优秀企业的比例，从而促进行业内新陈代谢。

另外，针对一些受限于地理位置的服务行业，都市中心区的土地利用放宽限制，基础设施整备、不动产流通市场的完善，因居住地变动而转行等求职活动的支援等促进企业和人的地理移动的相关政策（请参照第 8 章），也许能从空间上促进行业的新陈代谢。

政策的水平效果和增长效果

笔者在第 1 节已经强调过，有必要将生产率“水平”和“增长率”进行区分理解，在考虑政策效果的时候也是同样的。政府通过 TPP 协定，全国 GDP 增加了 3.2 万亿日元（0.6% +）（2013 年估算）。上述估算值是以全面废除关税为前提，低效率的产业不断缩小规模，而高效率的产业不断扩大规模，带来的效果包括经济总体的生产率“水平”提高和劳动供给量的增加。

TPP 协定发挥出上述效果如果需要 10 年时间，那么对 GDP 增长率的效果则是年率 0.06% 。在 TPP 协定大致达成之后，政府于 2015 年 12 月进行了新的估算，不仅是关税的废除，也考虑到了投资和服务相关的市场准入规则改善等，得出了基准线 GDP13.6 万亿日元的扩大效果。如果以该数字为基础进行换算，年率为 0.26% ，数字虽然增大不少，但“水平效果”的本质并没有改变。

虽然不是对生产率的效果，例如有更多的女性参加劳动，或者延长老年人的退休年龄等，对潜在增长率的效果同样是“水平效果”。就水平效果而言，在效果完全发挥之后，对生产率增长率和经济增长率的贡献度将会趋向于 0。对本章所述的规模经济、范围经济、新陈代谢的经济增长率的效果进行定量分析的时候，也需要将其理解为提高生产率“水平”的效果。

另一方面，研发投资和创新能力会提高生产率“增长率”。上述政策有持续提高增长率的效果。例如，如果将研发的 GDP 比例增加 1%（约 5 万亿日元），那么 TFP 增长率约为年率 0.3%（森川，2015a），这种效果基本上会一直持续下去。教育水平的提高带来人力资本的品质提升，这种效果有时计算为水平效果，有时计算为增长效果，至少提高潜在增长率效果的持续时间是相当长的。我们对服务产业的生产率提高抱有很大的期待，但是，在考虑每个政策的定量效果之时，将概念加以区别理解是非常有用的。

第3章　服务产业的革新

本章仍然将焦点锁定服务产业，针对生产率增长最基本的原动力——革新进行概括说明。不是只有制造业才是技术革新的中坚力量，服务产业中也产生了各种各样的软技术创新。创新型的服务企业生产率非常高。

在服务领域，除了传统的研发，IT技术的有效利用和无形资产的投资都发挥了非常重要的作用。进而，人工智能等新型服务产业的兴起也是指日可待的。但是，比起设备投资，无形资产投资更多地受到了资金方面的限制。在推进服务产业的革新方面，传统政策的发挥空间是有限的，新技术、具备高级技术水平的劳动力的培养以及人才网络的构筑等问题变得越发重要。

1. 服务产业的革新和生产率

革新是经济增长的原动力

无论是从宏观经济的视角，还是就产业和个别企业而言，技术革新都是生产率增长最基本的原动力。以过去的研发投资效果作为基础进行概算：如果能将研发的GDP比率提高1%，那么TFP增长率能以年率0.3%的速度持续增长（森川，2015a）。创新以及教育带来的人力资本的品质提升是决定生产率增长空间、影响整个经济增长率的重要因素。

Innovation 很多时候被解释为“技术革新”，但是它并不仅仅来源于格式化的研发。以前把 innovation 定义为“与已有的技术、资源、劳动力等不同的新方法的结合”，其中也包括了企业组织的变革和新销路的开拓等。但是，创新的源泉多来自研发，这一点毋庸置疑。

另外，过去的大量研究已经证明，研发投资的收益率非常高，特别是对其他公司的技术溢出效应和给用户带来便捷体验的社会性收益率。例如，有关研发收益率的概括性研讨论文 Hall et al.（2010）指出：发达国家的研发收益率在20% ~30% 的范围区间，研发的个体收益率高于一般的资本收益率，而社会性收益率就更高了。社会收益率可以解释为对国家整体经济增长的贡献程度。

据“科学技术研究调查”（总务省）统计，2014 年日本的研究费用为 19.0 万亿日元，在 2007 年达到 18.9 万亿日元的高峰之后一直呈下滑趋势，现有所回升。研究费用中，企业的研究费为 13.6 万亿日元，占总额的七成以上。按照时间序列观察研究费用的 GDP 占比，1980 年为 2.2%，1990 年为 3.0%，2000 年为 3.2%，2014 年为 3.9%，从长期的基调来看一直呈现上升趋势。即便在“失去的 20 年”里面，研发的投资可以说还是比较活跃的。另外，拿研发的 GDP 占比进行国际间的比较，相较美国（2.8%）、英国（1.7%）、德国（3.0%）、法国（2.3）等主要发达国家，日本的数字略高一些。

上一章笔者已经谈到，为了提高生产率水平，产业的新陈代谢机制和每个企业内部的生产率增长都发挥了重要的作用。其中新陈代谢通过企业加入、退出市场以及占比增大减小来实现，而每个企业的内部效果便是通过技术革新来完成。另外，制造业和服务业之间生产率增长率的差距，其中大部分源于企业的内部效果，而不是产业的新陈代谢。

《新经济增长战略》（经济产业省，2006 年）指出：将推动经济增长的引擎从制造业单引擎转向制造业、服务业的双引擎，“以生产率增长空间巨大的服务产业为中心，在广泛领域呼吁技术革新是非常重要的”。在该战略的影响下，各种推动服务领域技术革新的措施开展起来，产业技术综合研究所设置了服务工学研究中心，2012 年成立了服务学会等。

但是，在技术革新相关的经济学研究中，大多数是以制造业为对象进行分析的，针对服务业的革新研究非常少。有关生产率的实证研究也是同样的情况。Hall et al.（2010）指出：几乎所有的过去的实证研究成果都是以制造业为对象，有关服务与金融部门的研发实证分析是今后的重要课题。

Cohen（2010）对企业、产业的革新研究进行汇总得出，围绕研发活动和成果的决定因素而开展的调查中，除去金融服务业的少量分析，服务产业的革新几乎是处于被无视的状态。其中的原因不仅仅在于研究数据的不足，在服务产业中，许多技术革新都来源于与顾客之间的关系，这种活动很难作为一种研发模式加以把握。

少量的服务产业研发投资

请大家先看日本服务产业的研发现状。根据“科学技术研究调查”的数据，比较不同产业间的研发投资，服务产业中进行研发的企业比例非常小，研发的集约度（研发支出比营业额）非常低，仅为制造业的五分之一。2014 年进行研发的企业中，制造业为 9. 0% ，研发活动较为旺盛的信息通信业为 6. 5% ，专门技术服务业为 2. 5% 。而批发业为 0. 3% ，服务业（狭义）更是只有 0. 1% 。再看进行研发的企业的研发集约度，只有专门技术服务业为 20. 1% ，数字非常高。其次制造业为 4. 1% ，信息通信业为 2. 2% ，批发业为 0. 3% ，服务业（狭义）为 0. 4% ，总体而言处于很低的水平。

针对研发支出的产业结构进行国际比较，就服务行业（非制造业）的占比而言，日本为 11. 8% ，美国为 30. 7% ，德国为 14. 2% ，法国为 24. 0% ，英国为 29. 1% ，日本的服务产业研发支出比例是发达国家中最低的［据“科学技术指标 2015”（科学技术、学术政策研究所）］。

以是否进行研究活动、资金等级、所属行业将调查对象分为不同等级，从各等级中抽出样品进行调查，再推测母集团的情况，得出“科学技术研究调查”的数字。该数字用于全面了解日本经济整体的研发情况是非常合适的，另一方面，各产业研发费用的总额能清晰地反映出进行巨额研发投资对大企业的影响。丰田汽车、松下、本田技研工业、日立制作所、武田药品等研发经费巨大的企业中制造业居多，它们在一定程度上拉高了制造业整体研发经费的总额。

接下来，笔者将利用“企业活动基本调查报告”（经济产业省），尽量详细地说明研发的实际状况。2013 年实施研发的企业比例：制造业为48％、批发业为17％、零售业为3％、信息通信业为21％、服务业（狭义）为9％。服务业整体为12％，约为制造企业的四分之一。如果将研发经费为零的企业统一纳入计算，制造业的研发集约度为 1.1％，而服务产业仅为0.2％（其中批发业 0.2％、信息通信业 0.6％、服务业（狭义）0.2％），数字非常低（请参照表 3－1）。后文将进一步说明，对服务企业而言，不被纳入研发经费的其他无形资产投资的比例是非常大的，这也是导致前项低数字的其中一个原因。

表 3－1　分产业研发投资

产业	（1）对销售额		（2）每人	
	平均	标准偏差	平均	标准偏差
制造业	1.09％	3.27％	46.7	295.0
批发业	0.19％	1.13％	12.8	85.2
零售业	0.02％	0.18％	0.8	17.4
信息通信业	0.57％	3.68％	9.5	53.8
服务业（狭义）	0.21％	2.93％	5.2	72.2
全产业	0.59％	2.74％	24.6	202.9
服务产业	0.22％	2.22％	7.6	67.1

（注）“企业活动基本调查报告”（经济产业省）2013 年度的数字。从业者每人的数字单位为万日元。全产业是包含水、电、气、热供给和其他产业的数字。服务产业是表内的批发业～服务业。

也存在创新型服务企业

但是，仅针对实施研发的企业，计算其研发的集约度，制造业 2.3%、服务业 1.8%（其中信息通信业 2.8%、狭义服务业 2.3%），其中的差距是非常小的。即便将 2001—2013 年间的数据集中进行计算，制造业为 2.2%、服务产业 1.7%，也几乎没有变化。

综上所述，就产业层面而言，服务产业的研发集约度之所以低于制造业，主要有以下两个原因：①进行巨额研发的企业多属于制造行业；②服务业中，选择不进行研发的企业较多。但是，如表 3－1 所示，抛开产业的差异，标准偏差与平均值之间的差距是很大的。相同产业的不同企业中，研发集约度和每个从业者的研发经费差距非常显著。即使在服务产业中，也存在研发集约度非常高的产业。

“日本优质服务 300 例”是服务产业生产率协议会推行的一种表彰制度，旨在挑选出运用科学的专业的手段得到优异成绩的企业，再进行分类表彰。受表彰的企业中，既包含了各种中坚企业，如 Kura Corporation（回转寿司）、Hello Tokyo（出租车包车）、Ganko Food Service（饮食）、Navitime for Japan（地图导航）等。也有加贺屋（旅馆）、Super Hotel（超级旅馆）、Nitori（宜得利家居）等因为“服务过程的优化”而受到表彰的企业。其中也有 IT 技术的活用，将制造业的一些窍门和经验巧妙地运用到服务行业中。上述企业中还有不少取得了相关专利。

当然，海外的微软、亚马逊、facebook、谷歌等革新型的大企业也不属于制造业的种类。另外，在共享服务领域极速发展的 Uber Technologie（出租车派车服务）、Airbnb（闲置房屋中介服务）等企业也是活用 IT 技术，在创新方面取得成功的典型案例。

软技术革新

服务产业的研发投资水平虽然不如制造业，但是革新并不仅限于正规研发活动中产生的新产品和新服务。最近，在有关“innovation”的国际比较调查中，它被定义为一个更为广泛的概念，包括：①制造革新（新产品和新服务）；②过程革新（产品和服务的生产、流通方法的革新和大幅度改善）；③业务、组织革新；④市场革新（OECD 2005）。

依据上述定义做出的日本2012年“全国技术革新调查报告”（科学技术、学术政策研究所），过去三年间实现以上①～④项的技术革新的企业比例分别为16%、16%、28%、23%，比起导入新产品和新服务，进行其他革新的企业更多。服务企业研发集约度的平均值很低，但是这种广义的革新可能正在发挥非常重要的作用。Jorgerson and Timmer（2011）指出：在服务产业中，我们应该更多地关注人力资本、组织变革、企业特殊的无形资产投资等“软技术革新”。

笔者独立调查了企业的相关情况，基于调查结果进行技术革新的产业间比较（Morikiwa，2014）。在“企业经营和经济政策的相关调查”（经济产业研究所，2012年）中，调查了是否实施各种革新、是否有商业机密管理规程。得到有效回答的样本企业数量为3 000家左右。将上述调查结果与“企业活动基本调查报告”相结合，做出2011年度的横切面数据再进行分析。革新问卷的问题都比较简单，过去三年间，是否进行过：①新产品、新服务的开发；②既存产品、既存服务的高度化和技术改善；③产品、服务的生产方法和流通方法的革新。

基于以上调查结果观察技术革新的实施情况，制造业中有49%、服务业中有37%的企业进行了新产品、新服务的开发；制造业中有48%、服务业中有34%的企业进行了既存产品、服务的高度化和改善。就产品革新的实施企业比率来看，制造业比服务业高出10%以上。再说产品和服务的生产方法、流通方法的革新（过程革新），制造业为20%，而服务业为16%，虽然差距明显减小，但制造企业的比例仍然更高。

但是，比起之前谈到的研发投资，服务产业的革新可以说非常活跃了。另外，利用上述数据进行分析可以得出（之后会进行详述），是否革新对企业生产率带来的效果，服务业比制造业更为显著。

革新、 生产率和增加就业

研究开发和技术革新给生产率、收益率、工作岗位等企业的经营状况带来很大的影响。关于这一点，也是以制造业为对象的研究占大多数，而以服务业为对象的实证研究非常缺乏。笔者想介绍几个有意思的实证研究，这些研究或是着眼于制造业与服务业的对比，又或是以服务产业为对象。

有关创新作用于生产率的效果，Hall（2011）是最近完成的综合性的调查论文。文中指出，特别是产品革新会对生产率带来巨大的正面效果，在欧洲企业中，如果革新型产品、服务的销售额增加 1 倍，生产率大约会提高 11% 。但是，关于生产额对革新型产品销售额的弹性值，知识集约型产业和高科技产业比较高，而服务产业相对较低。

但是，欧美的几项实证研究表明，在服务产业中更明显地看到革新对生产率的巨大影响。比如，Musolesi and Huiban（2010）指出：法国的知识集约型服务业（knowledge intensive business services：KIBS）频发技术革新，对生产率带来了很强的正面影响。另外，Ortega－Argiles et al.（2015）在报告中谈到：以美国和欧洲企业为对象进行分析，就生产对知识存量的弹性值而言，服务产业、高科技制造业比起非高科技制造业明显更大，也就是说，技术革新对知识存量的生产的贡献度非常高。

Bartelsman et al.（2015）运用企业的固定样板数据（针对德国、荷兰的制造业和服务业进行技术革新调查得出的数据），分析了人力资本、技术革新和劳动生产率之间的关系，得出了非常有意思的研究结论。样本企业分为高科技制造业、中端科技制造业、低端科技制造业、知识集约型服务产业和其他服务业五个种类，研究中的回归分析很能说明劳动生产率问题。

其结果显示，服务业中进行产品革新的企业比例比制造业（特别是高科技、中端科技制造业）少得多。但是，就产品革新（革新型产品和服务占总销售额的比例）给生产率带来的影响而言，服务产业是制造业的 2 倍以上。令人意外的是：比起知识集约型服务产业，其他类型的服务业对于革新生产率后产品数量增加这一点上，受到的影响更大。知识集约型产业中，仅有人力资本集约度高、进行了大量无形资产投资的少数企业突破僵局，获得了巨大的利益。

如上所述，最近有大量研究证明，服务产业中的技术革新带来的生产率效果可能比制造业更好。笔者以日本企业为对象得出的分析结果也与上述论断达成一致。

关于革新与就业之间的关系，以欧洲为研究对象的 Bogliacino et al.（2012）指出：在服务业和高科技制造业中，研发的确会增加就业机会，但在传统的制造业中看不到这种效果。在制造业中，产品革新会使就业机会减少，在服务行业中并不存在这种替代关系。由此笔者可得出结论：制造业的革新会带来劳动力成本的节约，而服务产业的革新和劳动力之间可能存在一种互补关系。

服务产业中， 革新的生产率效果明显

有关服务产业的革新，笔者以日本企业为对象进行了研究调查，发现在服务产业中，进行革新的企业生产率高于未进行革新的企业。特别是产品革新，是否进行产品革新而导致的生产率差距在服务业中体现的尤为明显（Morikawa，2014）。总而言之，在 300 家样本企业中，过去 3 年间进行了新产品、新服务开发的企业与未进行相关革新的企业之间的 TFP 差距，制造业为 5. 7% ，而服务业高达 12. 4% 。

进行了既存产品、服务升级的企业和未进行企业之间的 TFP 差距，制造业为 10. 6% ，而服务业为 13. 4% 。无论何种业种，我们再一次确认制造革新是提高生产率的一大要素，同时还可以看出，服务业的企业中，实施技术革新能让企业在竞争中处于优势的位置。另外，进行制造革新的企业中，从业者的薪资明显更高（请参照第 4 章）。

但是，关于过程革新（产品和服务的生产、流通方法的革新和大幅度改善），是否进行过程革新在制造企业间产生了 TFP 9. 6% 的差距，而在服务业中的差距仅为 0. 2% ，在统计学上不具意义。由此可见：降低成本型的革新手段在制造业中并没有发挥明显作用，将新产品投入市场反而是非常

重要的。

在服务产业中，虽然制造革新会带来很强的生产率效果，但实施生产革新的企业仍然很少，这就说明在进行革新的过程中，企业很可能受到了某些方面的制约。有许多革新不适合申请专利，这就加大了掌握科学技术的难度。另外，资金方面的制约也是一个大问题。以下内容将从挽回“市场失灵”的角度探讨相应政策。

知识产权的保护和革新

那么，为了推进服务产业的技术革新，有哪些政策是必不可少的呢？①知识产权制度；②将税制和补助金分开进行整理。首先，笔者一边比较制造业和服务业，一边分析知识产权的实际情况。

根据“企业活动基本调查报告”，无论是研发投资，还是专利设计所有权等研发的储备，服务业的数字都比制造业更低。制造业中持有专利权的企业的比例为 40%，而服务产业中的比例仅为 11%（2013 年）。设计权也是制造业 21%，服务业 7%，中间出现了很大的差距。

有关企业技术保护手段的选择问题，对企业的研发过程进行调查得知，除了专利权，企业保密管理、投放市场的时间周期等都发挥了非常重要的作用。（Levin et al.，1987；后藤・永田，1997；Arundel，2001）。专利产品的数量经常被用作研发的输出指标，在研发成果中，企业并不是尽可能地为更多产品申请专利，而是根据技术的性质和市场的竞争状态，选择合适的保护手段。

申请专利之后，该产品的知识产权受到法律保护，同时，知识技术自身也被公开，为了避免技术知识的公开，很多情况下会选择保密手段进行保护。Hall et al.（2014）中涉及企业知识产权保护手段的选择问题，论文中谈到，技术革新的特性（制造革新还是流程革新、单纯还是复杂）、创新者之间的竞争度、产品在市场上的竞争度等，是决定企业选择专利申请还是保密的重要因素。

但是，大部分过去的研究都是以制造企业为对象，以服务业企业为对象的非常稀少。为数不多的例外是 Amara et al.（2008），以加拿大的知识集约型事业服务业（KIBS）为对象展开调查，说明专利并不重要。Hall et al.（2013）针对英国企业中保护专利的作用进行评价：制造业中，革新和专利之间存在正相关关系，但在 KIBS 产业中却是负相关，KIBS 更倾向于将技术革新秘密保留。

在日本，山内他（2012）利用“民间企业研究开发相关调查报告”（科学技术・学术政策研究所）进行分析，虽然数量不多，但其中也包括非制造企业。分析结果得知，在日本，能够申请专利等法律保护的技术型知识中，平均 20% 以上都作为商业机密被保护起来。但是，因为大多数调查对象都是制造企业，所以没法做制造业与服务业之间的比较。

在日本，商业机密通过《不正当竞争防止法》加以保护，满足①秘密管理性、②有用性、③非公开性的条件，便成为法律保护的对象。不仅是制造技术窍门等技术性的信息，客户名单、销售、服务指南和合同信息等也包含在内。餐厅的食谱、已有过判例的男式假发销售的顾客名单等，都与服务产业有很深的关系。另外，顾客名单和合同信息，一般情况下不能申请特权保护。

根据最近的“商业机密管理相关问卷调查”（经济产业省，2015 年），作为商业机密被管理的信息中，顾客名单等顾客信息占比最高（70%），超过了技术情报的比例（66%）。接下来，供货方、收货方的信息以及进货、供货的价格信息等交易相关的信息占比 58%。《不正当竞争防止法》经历了多次强化修正，最近（2015 年）还进行了刑事处罚的非亲告罪化的相关修正。

根据笔者的分析，就服务产业而言，商业机密比专利发挥了更大的作用（Morikawa, 2014）。上文所述的“企业经营和经济政策相关调查”中提出疑问：“是否制定商业机密管理规程，以保护经营上重要的技术和商业机密？”笔者的分析就是利用了该疑问的结果。如前文所述，商业机密是通过《不正当竞争防止法》加以保护的，企业是否制定了商业机密管理规程，是判断该企业是否满足法律保护条件（保密管理性）的重要指标。

作为调查对象的约 300 家公司中，制造业中专利持有企业的比例为 39%，而服务业中的比例仅为 10%。通过观察“企业活动基本调查”的全体对象企业，也得到相同的结果。另一方面，无论是制造业还是服务业，持有商业机密的企业占比都在 33% 上下，统计学上不存在显著差异。由此可见：对服务业企业而言，比起申请专利，商业机密发挥了更大的作用。

将企业规模的差距也纳入考虑的前提下，推测分析知识产权与创新之间的关系：持有专利或者商业机密的公司，无论属于哪个产业，该公司实施制造创新的倾向都更加明显。但是，如前文所述，服务产业中持有专利的企业较少，持有商业机密的企业相对较多，对服务革新而言，商业机密的重要性相对较高。服务企业中，进行创新的企业的生产率非常高，将两者进行综合考虑，可知为了提高服务产业的生产率水平，通过《不正当竞争防止法》对商业机密进行适当保护是非常重要的。

补助金、税制支援技术革新

通过企业研发投资产生的技术、知识都会以各种各样的路径和形式，对其他公司产生影响（Hall et al.，2010）。由于金融、资本市场的不完整，用以进行研发活动的财政受到制约，研发投资通常偏少，未能达到社会所期待的水平，这就是所谓的“市场的失灵”。

另外，涉及研发资金调配的论文 Hall and Lerner（2010）就大企业的研发是否面临着高额资金成本的问题进行了分析，得出小规模企业以及年轻的革新型企业面临着高额资金成本的问题。笔者以日本企业为对象进行研究分析，发现研发投资中确实存在资金制约的问题（森川，2015b）。尤其是服务产业、中小企业、创业年限不长的年轻企业在资金方面受到的限制更加明显。

为了修正研发的过小投资，作为代表性的政策，除了知识产权制度，还包括政府自身所开展的研发，还有通过补助金、税制等金钱激励手段促进民间研发的开展。有关金钱促进的效果，进行了大量的实证研究。

Hall and Van Reenen（2000）针对以经合组织各成员国为对象的表示研发税制的 R & D 效果（Research & Development）进行了实证研究，结果表明研发减税 1 美元会带来研发投资追加 1 美元，即研发的弹性值为 1 左右。调查论文 Becker（2015）谈到：研发减税和政府的研发补助有促进民间企业研发的正面效果，而越是运用先进的计量分析手法进行的研究，其结果表现得越为明显。

谈及日本的研究案例，其中一个便是 Kobayashi（2014）。虽然分析对象仅限于中小企业，但业种既包括了制造业，也涉及非制造业。考虑到“越是积极进行研发的企业，研发减税的利用程度就越高”的选择效果，进一步进行推测演算，得出结论：研发减税政策增加了中小企业的研发支出，特别对于一些受到资金制约的企业，其效果尤为明显。但是，将制造业和非制造业分开进行分析，两个产业中都确认了研发减税有促进研发投资的效果，但是，就数量上的效果而言，制造业比非制造业大两成。

针对研发减税的效果，Castellacci and Lie（2015）以过去 20 年的实证研究为对象进行 Meta 回归分析，得到了一个非常有趣的结果。所谓 Meta 回归分析，是把大量实证研究的推测结果用作数据，评价其平均值和精度的一种手法。结果显示，相较于大企业，研发减税的效果在中小企业中更为明显，相较于制造企业，在服务业企业中体现得更明显。税制的支援效果在中小企业中发挥了更大的作用，与前文所述的规模越小的企业越受到资金制约的结论一致。

综上所述，研发补助金和减税制度的确有增加研发投资的效果。上述政策对服务产业的革新也是非常有效的。虽然知道上述政策可能会对服务业产生很大的推动效果，但是由于产业不同、分析所用的数据以及国别不同等因素，还不能给予确切的答案。今后还需积累大量针对服务产业革新的实证研究。

2. 从 IT 利用产业到 AI 利用产业

服务产业的 IT 投资

20 世纪 90 年代中后期，在“IT 革命”全盛时期的美国，高生产率增长率在流通业、运输业以及金融行业等“IT 利用产业”体现得尤为明显（Stiroh, 2002；Oliner et al., 2007）。另外，大量研究证明 IT 技术有利于提高企业的生产率水平（调研性论文 Draca et al., 2007）。IT 利用产业大多属于服务产业，所以它为加速美国服务产业的生产率增长做出了不小的贡献。在美国的影响下，日本也开始期待通过灵活运用 IT 技术以提高服务产业的生产率水平，从而制定了各种各样的支援政策。

以 711 为代表的 24 小时便利店，以大和运输为代表的快递业都是高度利用了 IT 技术从而取得了优良的业绩。前文谈到的“日本优质服务 300 例”的企业中 Hello Tokyo（出租车包车）、Eagle Bus Japan（夜行巴士）、Navitime for Japan（地图导航）、Mammy's family（幼托）、Planet（电子数据交换 EDI 服务）等活用 IT 技术的服务企业不在少数。但是，从产业集合的层面来看，日本 IT 利用产业的生产率表现远远不如美国，其中原因有两个：①日本原本 IT 投资不足；②投资没有很好地与生产率提高相结合。

“企业活动基本调查”调查了信息处理和通信费用，根据调查数据，首先比较了不同产业间的 IT 集约度（信息处理和通信费用占总销售额的比例）。IT 集约度的平均值（2013 年）为制造业 0.25%、服务业（批发业、零售业、信息通信业、服务业（狭义））0.64%，即服务业的 IT 集约度是制造业的 2 倍以上（请参照表 3－2）。批发业（0.27%）的数据几乎和制造业持平，信息通信业（1.90%）自不必说，零售业（0.37%）和服务业（狭义）（0.60%）的数据也是很高的。

再看从业人员每人的 IT 支出金额，制造业是 8 万日元，而服务业高达 21 万日元，服务业是制造业的 2.5 倍以上。将以上数字与研发集约度（表 3－1）进行比较，服务业无论是 IT 集约度，还是从业人员每人的 IT 支出金额，都比研发投资高出许多。因此，服务产业的 IT 利用度并不低于制造业。但是，为了让 IT 技术与经营成果和企业的生产率相结合，企业组织革新（阶层的平级化）、决策系统的改革（分权化和集权化）等各种各样补充性的投资也是必不可少的。

表 3－2　不同产业的 IT 集约度

产业	(1) 对销售额		(2) 每人	
	平均	标准偏差	平均	标准偏差
制造业	0.25%	2.70%	7.3	103.8
批发业	0.27%	0.90%	20.3	79.1
零售业	0.37%	0.23%	11.9	7.5
信息通信业	1.90%	3.20%	50.8	71.8
服务业 (狭义)	0.60%	1.07%	11.3	21.1
全产业	0.48%	2.14%	15.6	84.2
服务产业	0.64%	1.37%	21.0	59.6

（注）“企业活动基本调查”（经济产业省）2013 年度的数字。从业者每人的数字单位为万日元。全产业是包含水、电、气、热供给和其他产业的数字。服务产业指批发业～服务业。

IT 投资和生产率之间的微妙关系

IT 是泛用型技术（general purpose technology：GPT），可以为了不同的目的运用在不同产业。而服务业具有“生产和消费的同时性”，如果想利用 IT 技术提高经营水平，提高稼动率是其中一个非常重要的途径。

例如，我们可以理所当然地在网上提前预约飞机和铁路的座位，或者预约酒店和旅馆，这不仅增加了消费者的便利性，而且可以根据需要灵活地设定费用，同时也为客运业和住宿业的平均开工率做出贡献。最近，饮食店也开始普及电话预约的形式，很可能带来同样的效果。实际上，海外的多项研究已经证明，IT 技术大大提高了货车运输业和航空业的开工率，另外，利用 IT 技术的拼车服务也实现了很高的开工率（请参照第 7 章）。

早期，在服务行业活用 IT 技术的代表案例就是零售业的条形码，这个可以称作零售业的流程革新。运用美国零售业普查数据进行研究推算：20 世纪 70 年代，伴随着条形码扫描仪的导入，零售店的劳动生产率提高了大约 5%（Basker，2012）。日本在同年代初期，通商产业省（现为经济产业省）提出流通系统化，进一步设立了流通系统开发中心，开发并普及了 JAN 代码和表示 JAN 代码的条形码。该中心之后还推广普及了电子数据交换（EDI）和电子标记等。

现在，我们已经把使用条形码当成了理所应当的事情，它成为连接 IT 和生产率的社会基础。如果没有条形码，那么现在的超市、便利店等零售业该是多么低效率且不方便啊！最近，机票、铁路乘车票、入场券等开始广泛使用 QR 代码（二维条码），这原本就是日本电装公司开发的产品。条形码和二维码是社会的一种基本设施配置，因为大多数零售店都使用同一套配置，所以它进一步向制造方普及，带有“网络的外部性”特征。总而言之，支持规格标准化、推动初级导入和普及的相关政策，都为产业整体的效率提高做出了贡献。

美国一直保持良好的生产率状态，然而，日本的生产率增长率持续走低。各界围绕其中的缘由展开了各种各样的讨论，现在依然没有一个确切的结论。如上所述，以下两点是常常谈到的：①日本原本 IT 投资不足；②投资没有很好地与生产率提高相结合。

例如，Fukao et al.（2015）在讨论日本生产率低迷的原因时，列举了日本 IT 投资过少的现象，并且针对日本企业的 IT 投资进行了总括性的分析。具体而言，它运用“企业活动基本调查”和“信息处理实况调查”（经济产业省）的企业面板数据，推测出 IT 投资与企业规模、企业年龄之间的关系：虽然小规模企业和年轻企业的 IT 投入边际生产力很大，但是仍然没有达到最合适的水平。结果显示，小规模企业和年轻企业在进行 IT 投资的时候，可能受到了某方面的制约，由于业务流程外包（BPO）市场的不成熟和相关专业人士的缺失，可能导致小规模企业所面临的 IT 投资价格过高。

另一方面，元桥（2010）针对 IT 和生产率的关系进行了日美间的比较，就 IT 资本积累的增长贡献度而言，日美之间并不存在巨大差异，但谈到 IT 与生产率之间的关系紧密度，日本企业远远低于美国企业，所以认为日美间的差异出现在 IT 的利用方面（IT 经营）。

完善IT功能的组织资本和经营质量

在提高服务产业生产率方面，IT拥有巨大的潜在力量。但是，仅通过配置电脑和导入软件是无法提高生产率水平的。为了发挥出IT的作用，还需要无形资产的投资，具体而言就是组织改革和人才投资。相关研究已经证明：为了使IT投资与生产率水平的提高相结合，有必要进行企业组织资本的投资，如企业组织的扁平化和决策的分权化；也有必要进行相关的教育培训投资，以提高劳动者的技术水平（Bresnahan et al，2002；Brynjolfsson and Hitt，2003；Pilat，2004）。

在日本，Miyagawa and Hisa（2013）归纳了不同产业的无形资产，再对IT进行分析，从中看出IT资产与无形资产之间的互补性。在笔者利用企业数据进行的相关分析中，并没有观察出“企业IT利用度越高，生产率越高”的单纯正比关系，因为背后还存在无法观测出的企业特性——“经营质量”（森川，2014a）。负责企业战略决策的总部职能管理的规模与IT的利用相互补充，二者的结合才能提高企业生产率水平（请参照第3节）。

因为在第2章已经谈过，笔者在此并不想反复论述，近年来，与“经营质量”相关的实证研究已经证明，在发达国家，企业间的经营质量存在巨大差异。上述研究虽不一定涉及IT技术的效果，但是，在判断经营质量的指标中，也包含了决策的分权化、集权化等有关组织革新的事项。另外，良好的经营习惯也与IT的集约程度密切相关。

综上所述，在服务产业中，通过IT技术提高生产率的空间仍然非常大。那么，怎么将IT技术与服务业的生产率提升相结合呢？通过价格设定战略而实现的服务需求的平均化、服务生产现场的合理化、经营的决策方法与组织运营的改善等都是可行的方法。

人工智能、机器人会改变服务产业

最近，人工智能（artificial intelligence：AI）、大数据、IoT（internet of

things：物联网）、机器人等并称“第四次产业革命”，而第四次产业革命会对经济、社会产生怎样的影响呢？这一问题在世界范围内引起广泛关注。如前所述：20 世纪 90 年代后期，IT 技术的普及提高了美国服务业生产率增长率，从而改善了整体的经济形式。但是，美国从 21 世纪 00 年代后半期开始，IT 的生产率效果便已用尽（Fernald，2015）。而 AI 等新型技术有可能带来超过 IT 技术的冲击力和推动力。

专利局对 AI 技术进行的调查研究（《平成二十六年专利申请技术动向调查报告书：人工智能技术》）指出：从 2008—2012 年的 5 年间，日本的 AI 领域的专利申请件数为 1 109 件，不及美国（3 476 件）和中国（1 410 件）的数据。但是，在 21 世纪 00 年代前半期，日本的 AI 相关专利申请数量远远高于美国和欧洲（Lechevalier et al.，2014）。日本政府开始关注 AI 相关的技术开发，并且于 2015 年，在产业技术综合研究所中设立人工智能研究中心。《日本复兴战略、改订　2015》指出：IoT、大数据、人工智能革命预计会以前所未有的速度和冲击力向前发展，但是，发展滞后的日本已经没有试错的空间，必须全面利用 IoT、大数据、人工智能等相关技术，进行“产业结构、就业结构改革”。

产业用机器人的利用和普及大幅度提高了制造业的生产率水平，就服务产业而言，比如铁路的自动检票机也是一种机器人。现在，也许有许多年轻人根本无法想象车站工作人员手工进行检票操作的时代。将来，在护理、保育等公共服务领域以及生产率提高相对困难的生活领域，人工智能型的服务机器人的推进有可能大幅度提高服务业的生产率水平。政府的“机器人革命实现会议”（2014 年设置）将机器人技术作为解决人手不足和提高服务部门的生产率水平的王牌，于 2015 年颁布了《机器人新战略》，从而提出了技术开发、标准化、实证实验、人才开发、规则改革等一系列政策条目。

人工智能已经开始导入一部分高频交易领域，还未进入产业领域的普及阶段，所以其生产率效果的实证研究仍然是非常困难的。Graetz and Michaels（2015）针对产业用机器人的经济效果（虽然不是人工智能）进行研究，得出了有趣的结论。使用17国（不包括日本）1997—2007年的数据做出分析：产业用机器人集约度（劳动投入量比机器人台数）在分析期间上升了150%，带来了劳动生产率和附加价值双提高的效果。进一步定量分析，由于产业用机器人的普及，预计国家的劳动生产率和平均增长率将以年率近0.4%的速率稳步提升。将上述数据与日本等主要国家的潜在增长率进行比较，可以说是相当大的增长幅度。考虑到服务产业的经济占比大小，如果人工智能机器人能够真正普及到整个服务产业，其冲击力有可能远远高于以制造工程为中心的产业用机器人。

笔者以日本企业为对象，于2015年进行的调查显示，回答问卷的3 000多家企业中，已经将大数据运用到经营业务中的企业只有3%，今后想要利用的企业约占20%。服务业企业（23%）比制造企业（18%）略高一些。

另外，关于人工智能和机器人的技术进步和普及对将来的经营和事业活动会带来怎样的影响呢？预计出现负面影响的企业仅有1%，27%的企业会出现正面影响。分业种来看，虽然制造业（33%）的正面评价高于服务产业（23%），但也能够看出日本企业对新技术积极向前的姿态。

有趣的是，从业者中研究生比例越高的企业，以及以国际市场为目标的企业，利用人工智能的倾向更为明显。20世纪90年代以后的美国，以服务产业为中心的“IT利用产业”灵活运用了IT革命的成果，从而提高了生产率水平。同样，期待在“AI利用产业”的服务行业中，日本企业能通过积极运作开拓出新的天地。

人工智能会代替人吗

人工智能的运用会不会导致大量失业呢？Frey and Osborne（2013）的试运算结果显示，随着人工智能在机械学习方面持续不断的技术进步，美国有47%的职位有可能流失（被人工智能所代替），政策实务相关人士对此高度关心。

原本IT是技能偏向型的技术进步，与高技能劳动者呈互补关系，却可以替代行政、秘书等中技能规范性的劳动（Autor et al.，2006）。其结果便是，收入水平位于中段的职位不断减少，而高收入、低收入的职位不断增加，从而呈现“两级化”（polarization）分布。前文所述的 Graetz and Michaels（2015）指出：虽然产业用机器人对总劳动投入量没有影响，却减少了低技能、中技能劳动者的劳动总投入量。这与 IT 整体的研究结果一致。

但是，有关人工智能和机器人对雇佣关系造成的影响，Autor（2015）和 Mokyr et al.（2015）基于历史经验进行了考察，结果颇具说服力。机械化和 IT 自动化的产生没有替代所有的工作，有许多工作仍然存在。这是为什么呢？通过考察历史，再向前展望未来。新闻界过高地评价了劳动机械对人类的替代程度，而忽略了自动化和劳动之间相辅相成从而提高生产率和收入水平，增加劳动需求的正面作用。常规劳动被计算机所取代，但是为了培养与技术进步相匹配、相辅助的技能，人力资本的投资才是战略的中心。

Mokyr et al.（2015）谈到技术进步的劳动机械的替代作用，对 19 世纪初期卢德运动之后的历史事实进行考察研究。因为技术进步，机械可以替代一部分的人类活动，但其程度是有限的。而且，产品革新创造出完全不同的新型产业后，与新技术一体化的资本货物相补充的劳动需求不断增加。另外，不能排除人工智能和机器人的技术进步完全与过去不同（this time is different）的可能性。产品革新会创造出我们现阶段无法想象的新产品、新服务和新职业，把焦点放在既存的业种进行论述是不明智的。

笔者以日本企业为对象进行调查的结果显示，从长远来看，有关人工智能和机器人的开发、普及将会对自己公司的雇佣形态产生怎样的影响呢？4% 回答“雇佣会增加”；22% 回答“导致雇佣减少”；29% 回答“与雇佣不产生关系”；46% 回答“不知道”。确实，这个问题带有很强的不确定性，但是也可看出更多的企业倾向于雇佣减少的方向。另外，大学（及以上）学历的劳动者比例越小、非正规劳动者比例越高的企业，认为人工智能和机器人的普及会抑制雇佣的倾向越明显。

原本，就日本的现状而言，比起雇佣机会不足的问题，老龄化的不断深入而带来的医疗、护理等行业劳动力不足的问题更加深刻。为了克服劳动力人口减少带来的潜在增长率的低下，非常有必要提高服务业的生产率水平，所以，希望能够尽快在服务领域实现人工智能和机器人的研发与普及。因此，通过充实大学本科和研究生教育，提高日本整体的人力资本质量，完善法律制度等各种外在环境的装备都是非常必要的。

3. 无形资产投资是政策的空白地带

无形资产投资现状的国际比较

近年的研究结果已表明，为了实现服务产业生产率的提高，包含组织革新在内的无形资产投资将会起到非常重要的作用。前文所述的研发投资以及 IT 投资都在无形资产投资中占有很大的比例，但无形资产投资并不仅限于上述两类，品牌投资、针对从业人员的教育训练以及组织改革方面的投资都属于这个范畴。

首先，根据“企业活动基本调查”，通过财务数据把握无形资产投资的现状，再进行产业间的比较。从业者每人的无形资产投资额（2013 年度）为制造业 9 万日元、服务产业 30 万日元，服务业的投资额远远高于制造业（请参照表 3 - 3（1）流量列）。但是，服务产业之所以得到这样高的数据，源于软件投资额巨大的信息通信业（70 万日元）的影响。进一步分析服务产业中的其他领域，批发业（17 万日元）和服务业（狭义）（13 万日元）稍高于制造业的数据，而零售业（7 万日元）的数据还略低于制造业。

从无形固定资产储备额来看也是同样的，信息通信行业呈现压倒性的态势，而批发业和服务业（狭义）稍高于制造业的程度（请参照表 3 - 3（2）存量列）。如果不看信息通信业的数据，那么无论是总投资中无形固定资产投资的占比，还是固定资产总额中无形固定资产的占比都是非常低的。

表3-3　不同产业无形资产投资储备额

产业	(1) 流量			(2) 存量		
	设备投资/从业者	无形资产投资/从业者	无形资产投资比例	有形固定资产/从业者	无形固定资产/从业者	无形资产比率
制造业	131.3	9.5	6.7%	1 011.4	27.9	2.7%
批发业	372.6	16.7	4.3%	880.2	37.9	4.1%
零售业	94.5	7.5	7.3%	715.6	27.8	3.7%
信息通信业	71.0	70.4	49.8%	354.2	123.3	25.8%
服务业	189.9	13.2	6.5%	888.8	33.4	3.6%
全产业	181.7	17.5	8.8%	935.8	41.2	4.2%
服务业产业	175.9	30.1	14.6%	761.6	48.1	5.9%

（注）“企业活动基本调查”（经济产业省，2013）。从业者每人的数字单位为万日元。“全产业”是包含水、电、气、热供给和其他产业的数字。

该调查的数据是企业会计理论的无形固定资产投资，纳入计算的数据仅限于非常狭小的范围，这一点务必请注意。具体的调查内容是“无形固定资产的当期取得额”，是“该年度对软件投资中新计入无形固定资产的金额，以及有偿取得的营业权、专利权、租地权、地上权、商标权、实用新方案权、设计权、矿业权等无形固定资产的增加部分的合计”。换言之，本公司创造的知识产权不属于上述对象。同样，教育培训费等人力资本投资也不包括在内。

最近研究的主流方向是：①电子化的信息（软件、数据库）；②创新型资产（研发储备等）；③经济竞争力（品牌、企业特殊的人力资本、组织资本）。这三项类目被划分进无形资产的范畴，这种分类方式远远超过了企业会计理论上的无形固定资产。除了美国，也有许多国家是按照同样的框架进行推测计算的。

Gorrado et al.（2013）以同种增长会计法为基础，以欧洲、日本、美国为研究对象，比较各国有形、无形资产对劳动生产率增长（1995—

2007 年）的贡献程度。日本有形固定资产增加带来的增长贡献度为年率 0.7%，与美国和欧洲诸国几乎处于相同水平。而日本无形资产增加带来的增长贡献度为 0.2%，低于美国（0.8%）和欧洲的主要国家（英国 0.7%、法国 0.6%、德国 0.3%）。就无形资产的贡献度而言，日本只有 11%，甚至不到美国 28% 和欧盟平均 23% 的一半。换言之，日本与其他发达国家相比，无形资产的积累较为滞后，资本深化明显偏向于有形资产。另外，无形资产的增加和 TFP 增长率之间存在正向关系。日本和意大利、西班牙一样，无论是无形资产的增加还是 TFP 增长率，都属于水平较低的组别。

Fukao et al.（2009）在日本的无形资产计算领域做出了先驱性的研究，日本的无形资产对 GDP 之比为 11.1%（2000—2005 年），其中电子化的信息为 2.2%、创新型资产为 6.0%、经济竞争力为 2.9%，GDP 占比低于美国水平，近年来的上升趋势也逐渐减缓。另外，Miyagawa and Hisa（2013）将产业进行细分，构建无形资产的数据库，针对无形资产与生产率之间的关系进行了进一步的实证分析。

分析结果显示，无形资产投资对日本经济整体的 TFP 增长率产生了明显的正面效果（TFP 增长率的 70% ~80%），虽然无形资产投资的收益率非常大，但 IT 革命之后呈现了过小投资的倾向。分产业看，虽然制造业无形资产投资对附加价值额的比例是服务产业的 2 倍以上，但两者的差距大部分源于对创新型资产的投资（研发投资）。无形资产与有形的 IT 资产互为补足，两者相结合带来 TFP 增长率的增高。

宫川他（2015）针对日本的无形资产投资，就之前的相关研究进行总结性调研，其研究对于把握无形资产的实际状况，理解其经济意义而言是非常有价值的。他强调，在服务产业中，无形资产的积累（尤其是人才培养投资）处于很低的水平。另外，如果想要通过 IT 技术提高生产率水平，无形资产的投资也是必不可少的。

进而，将无形资产和有形资产进行区分，分解经济增长原因（增长核算）的结果显示，有形资产积累对 1995—2010 年间的实质 GDP 的贡献度为 0. 37%，而无形资产积累为 0. 25%。从不同产业分析无形资产投资对经济增长的贡献度，制造业为 0. 38%，服务业为 0. 21%。相较于制造业，服务产业的无形资产投资贡献度较小。

宫川努教授带领团队构建的不同产业无形资产投资数据被公示在经济产业研究所的网站上，运用该数据，笔者将焦点定位在服务产业，对最近的状况进行概括分析。

整理 2010 年的无形资产储备额（2010 年价格实际值）如表 3 －4 所示。表格里的数据仅以市场经济为研究对象，并不包括政府部门和民间非营利组织。Fukao et al. （2009）和 Miyagawa and Hisa（2013）已经论述过，在无形资产的储备中，以研发储备为中心的创新型资产占比比较大，约为 70%。这也是其中一个原因，导致制造业的无形资产储备总额远远高于服务产业。这一点与第 1 节论述的不同产业研发支出的数据一致。另一方面，服务产业的信息化资产和经济竞争力的资产的数据比制造业高出许多。

表 3 －4　无形资产储备（2010 年）

产业	（1）无形资产总计	（2）信息化资产	（3）创新型资产	（4）经济竞争力
全产业	167. 3	29. 4 [17. 5%]	121. 0 [72. 3%]	17. 0 [10. 1%]
制造业	100. 6	10. 1 [10. 0%]	85. 6 [85. 2%]	4. 8 [4. 8%]
服务产业	60. 0	17. 4 [29. 0%]	32. 7 [54. 4%]	9. 9 [16. 5%]

（注）单位为万亿日元。根据“JIP 数据库”（经济产业研究所）的无形资产数据制成。不包含非市场经济部门的数字。[ ] 内的数字是无形资产占总体的构成比。

但是，以上数字反映的是产业本身规模的差距，不能用来进行产业间细致的比较。因此，从业人员每人的无形资产额（万日元）、无形资产储备额对附加价值额的比例（%）详情请见表 3 －5。

表3－5　无形资产储备的增长（1990—2010 年）

	(1) 实际无形资产储备/从业者		(2) 实际无形资产储备/实际附加价值额		(3) 实际无形资产储备增长率
	1990	2010	1990	2010	1990—2010（年率）
全产业	172	336	27.5%	43.0%	2.8%
制造业	419	1 005	61.7%	81.3%	2.5%
服务产业	100	191	15.7%	26.2%	3.8%
批发零售业	69	87	14.2%	14.6%	0.7%
金融保险不动产行业	168	421	13.3%	35.4%	4.3%
运输业	35	88	4.8%	12.4%	4.9%
信息通信业	604	1 081	70.4%	64.6%	5.0%
企业服务业	141	246	20.8%	26.8%	5.5%
个人服务业	38	41	10.3%	12.1%	0.8%

（注）从业者每人无形资产储备的单位是万日元/人。根据“JIP 数据库”（经济产业研究所）的无形资产数据制成。不包含非市场经济部门的数字。

上述指标相当于有形生产设备中频繁使用的“资本劳动比率”和“资本系数”的概念。为了方便观察常年的变化曲线，记载时段是从 1990 年和 2010 年的数据。2010 年从业人员每人的无形资产储备为服务业 191 万日元、制造业 1 005 万日元，制造业远远高于服务行业。服务产业中由于业种不同，差距也非常明显。信息通信业 1 081 万日元甚至高于制造业的数据，金融、保险、不动产行业（421 万日元）和企业服务（246 万日元）也相对较多。另一方面，个人服务和批发零售业的数据都非常低。但是，比较 1990 年和 2010 年的数据，所有产业均呈现上升趋势，跨产业的无形资本劳动比率在不断上升。

实际无形资产储备额对实际附加价值额的比例如图 3－5（2）列所示。产业间的序列和（1）列非常相似，但产业间的差距较（1）列较小。比较 1990 年和 2010 年的数据，总体而言，从产出附加价值来看，必要的无形资产储备额在不断增加。(3) 列是 1990—2010 年间的实际资本储备的增长率换算成年率之后得到的数据。有趣的是，就无形资产储备的增长率进行比较，服务业（3.8%）高于制造业（2.5%）；而企业服务（5.5%）、信息通信业（5.0%）、运输业（4.9%）均呈现很高的增长趋势。

将无形资产按照不同类别进行研究（虽然没有体现在表中），就服务产业而言，大幅度增加的是信息化资产和创新型资产，经济竞争力资产几乎没有变化。综上所述，近年的日本无形资产投资并不顺利，但是从长远来看，服务产业中无形资产的积累也在稳步推进中。

社会过小的无形资产投资

前文通过无形资产的相关实证研究，已经说明无形资产是影响经济表现的重要原因，但是，日本的无形资产投资有可能存在过小的倾向。对企业而言，无形资产投资的收益率明明很高，为什么无形资产投资还是过小呢？有一点必须明确，为了将无形资产投资提升到适合的水平，需要什么样的政策支持呢？换言之，在无形资产投资中，存在着什么样的“市场失灵”呢？

关于无形资产投资中的研发投资，过小投资的问题很早就被指出来，这种过小投资来源于个人收益率与社会收益率相互背离。其原因主要有：①技术、知识的溢出效应；②研发投资相关的金融、资本市场的不完善性。但是，有关研发以外的无形资产投资，我们并不知道是否存在市场失灵。市场失灵是制定政策的前提。假如无形资产投资低于社会的期待，为了将其提高到理想的水平，应该采取怎样的对策呢？市场的失灵又在哪里？如果不解决以上疑问，很难取得有效的政策手段。

进一步分析现有政策，租税特别措施和银行融资等都把研发投资作为例外对待，而偏重于设备的投资。例如，以投资促进为目的的税制措施，大半是针对有形资产的投资（即设备投资）和常规的研发投资，除此之外的无形资产，也就是只对软件投资实施了小规模的纳税制度。企业从业人员的人力投资对将来的企业竞争力而言，本应该是非常重要的部分，近年来反而出现不断减少的倾向。

在2005年度的税制改革中，在企业增加公司从业人员教育培训费的时候，设立了“促进人才投资税制”，认可了一定程度的税额扣除。2007年，以大企业为主要征税对象的制度被废止，强化中小企业基础作为税制的一部分，变成了仅以中小企业为主要征税对象。另外，以中小企业为主要征税对象的制度也于2011年末被废止。设备投资的对象范围明确，有利于在税务上进行实际操作。但另一方面，教育培训等无形资产投资受到企业会计上的制约，税务层面难以操作，所以一直停留在教育培训投资的外部化（替代）阶段，对企业来说难以利用实施，这应该是人才投资减少的其中一个原因吧。

笔者利用“企业活动基本调查”的微观数据，对涉及无形资产投资的金融、资本市场的失效进行了实证分析（森川，2015b）。结果显示，与设备投资相比，无形资产投资在融资上受到了更大的制约。对应投资内部资金（现金流）的弹性值，设备投资是0.13，而无形资产投资是0.19，无形资产投资对内部资金的敏感度更高。数字越大，说明对本公司内部资金的依赖程度越高，企业向无形资产投资拨款的时候，很难利用外部的金融、资本市场，受资金制约的倾向更强（请参照表3－6）。

表3－6　内部资金与无形资产投资的关系

	(1) 设备投资	(2) 无形资产投资	(3) 研发投资
全样本	0.125	0.188	0.145
制造业	0.072	—	0.089
非制造业	0.165	0.191	0.207
年轻企业	0.155	0.181	0.149
成熟企业	0.070	0.132	0.095
中小企业	0.142	0.239	0.160
大企业	0.110	0.158	0.112

（注）摘自森川（2015b）。数字为投资对内部资金（现金流）的弹性值，表示内部资金增加1%，投资相应增加的百分比。根据控制销售额增长率、业种（三位数分类）、年次、企业固定效果的投资函数的推测结果。[—] 表示无统计意义。

资金制约还会受到产业和企业规模的影响。比较制造业和非制造业，现金流对无形资产投资的效果虽然在制造业中没有被证实，但在非制造业中却非常有意义，弹性值约为 0.2。比较年轻的企业和成熟企业，无论是设备投资还是无形资产投资，年轻企业的现金流弹性值都更高。将中小企业和大企业进行比较，也得到了同样的结果。

总而言之，就无形资产投资的融资而言，越是服务产业、年轻企业、规模小的企业，越可能受到资金方面的制约。另外，同表的（3）列单指研发投资的推测计算结果。的确，与设备投资相比，研发投资受到资金的制约更明显。不同产业、不同企业规模之间的差距，几乎和无形资产投资整体的情况相同。

以上结果显示，无形资产投资对服务产业是非常重要的，有关无形资产投资的资金调配，存在资金制约的“市场失灵”，而资金制约源于信息的不对称和流通市场的缺乏。换言之，为了促进无形资产投资，金融机关审查能力的改善、无形资产流通市场（包括知识产权）的整备和扩充等一些修补“市场失灵”的政策是必不可少的。同时，税制和银行融资等政策性的支援也是有用的。另外，在制定相关政策时，把重点放在服务企业和年轻的中小企业，效果会更加明显。

公司总部的白领生产效率低吗

所谓的经济服务化，不仅指产业分类上服务业的市场份额扩大，而且还包括制造业内的企业服务化（请参照第 1 章）。公司总部是企业内事业服务部门的中核，承担了调查企划、研究开发、信息处理、市场营销、财务、人力资源管理等一系列重要职能。随着工厂等直接操作部门跨越国境，在国外不断投入运营，国内总部职能管理的作用变得越发重要。但是，间接部门的削减与合理化会增加企业受益，提高生产率水平，这种观念仍然根深蒂固。

如上所述，与生产率相关的国内外研究表明，“经营质量”或者“经营力”是决定生产率水平的根本要素，经营质量并不单单取决于经营的团队，支撑领导层、董事会的公司总部职员的数量和品质也会大大影响经营质量。以少数大企业为对象，针对总部职能管理进行国际比较的经营学研究表明，并不是总公司的职员数量越少，公司整体的财务效益就越好（Collis et al.，2007）。另外，日本企业的总公司规模偏大，决策层面带有中央集权制特征等问题也被指出。其背景可追溯到日式企业的典型体系，即长期雇佣制度下由人事部所主导的社内轮换制度。

从劳动者的观点来看，总部职能管理与就业结构的白领化有很深的关联。总部职能管理部门的白领们工作效率低下的说法也由来已久。但是，随着产业结构的高度化、国际竞争的激烈化、直接部门的海外化不断推进，经营上的战略决策和支撑战略决策的总部职能管理部门，以及在上述部门工作的白领们，对企业的中长期发展甚至是整体经济形式，都将发挥重要的作用。

如上所述，最近的研究表明，无形资产（尤其是属于“经济竞争力资产”的组织资本）是影响生产率水平的重要因素，在推测计算无形资产的时候，经常把董事报酬的总额作为组织资本的构成要素（Corrado et al.，2005；Fukao et al.，2009）。

但是，如果组织资本是促进生产率水平提高的其中一个环节，那么不仅是董事的报酬，作为支撑经营的总部职能管理部门的相关费用（即一般管理费）也可以理解成重要的无形资产投资。相较于欧美各国，日本的董事报酬水平更低，另一方面，总公司的规模更大。上述事实表明，在日本企业中，做重要决策的不仅是公司董事，总公司中枢部门的员工们也有很高的参与度。所以，如果仅仅把董事的报酬纳入无形资产投资的计算，可能过小评价了无形资产的投资值。

总部职能管理部门的规模和生产率

在上述问题的引导下，笔者使用“企业活动基本调查”的面板数据，就公司总部的实际情况、决定总部职能管理的各项原因、总部职能管理部门的规模和全要素生产率（TFP）的关系进行了实证分析（Morikawa，2015b）。“企业活动基本调查”自调查开始以来，便将总公司的各部门以及每个事务所的从业者人数作为调查项目，将总部职能管理部门的从业者人数归类为调查企划部门、信息处理部门、研发部门、国际事业部门、其他相关部门（总务、会计、人事等）的总和。

先大致了解一下日本企业的总部职能管理部门比例（总部职能管理部门的从业者人数比从业者总数）。对超过 3 万家公司进行取样分析（2013 年度），总从业者数约为 1 402 万人，其中包含信息处理部门、国际事业部门等“广义的总部职能管理”部门的从业者人数约为 128 万人（8. 7%），而“狭义的总部职能管理”部门（总务、会计、人事等）的从业者人数约为 77 万人（5. 2%）。总部职能管理部门这一服务中心在经济层面所占的比重也是不可忽视的。

再分不同产业观察总部职能管理部门比例的平均值和分布特性（2001—2013 年度）。就广义的总部职能管理部门而言，制造业 13. 9%、服务业 12. 0%，虽然制造业的总部职能管理部门规模稍大一些，但两者的差距并不明显（请参照表 3 - 7）。对服务业进一步细分，零售业（8. 7%）、服务业（狭义）（10. 0%），均稍低于平均值。分全职、兼职的总部职能管理部门从业者人数的相关数据是不存在的，所以笔者只能进行推测，上述业种实际的兼职劳动者应该是很多的。再看狭义的总部职能管理部门，制造业 8. 5%、服务业 8. 7%，两者几乎没有差距。制造业中广义的总部职能管理部门的数据之所以比较大，主要是因为数据中包含了公司本部的研发部门。

值得注意的是，无论制造业还是服务业，产业内部企业间的分散较为明显。标准偏差是距离平均值的数字，既有 10 百分位值（P10）的企业，也有 90 百分位值（P90）的企业，其中存在 7 ~ 8 倍的差距。所以，不同企业间，总部职能管理部门的规模差距是非常大的。

表3－7　总部职能管理规模的分布

产业	（1）平均	（2）标准偏差	（3）P10	（4）P50	（5）P90
A. 广义的总公司功能					
制造业	13.9%	11.9%	3.4%	10.4%	28.9%
服务产业	12.0%	12.4%	2.7%	8.9%	23.0%
批发业	14.9%	11.8%	4.9%	11.9%	27.0%
零售业	8.7%	8.1%	2.1%	7.0%	16.5%
信息通信业	12.8%	16.4%	3.4%	8.1%	22.9%
服务业	10.0%	12.9%	1.6%	6.4%	20.2%
B. 狭义的总公司功能					
制造业	8.5%	7.4%	2.5%	6.4%	16.8%
服务产业	8.7%	8.0%	2.1%	6.8%	16.6%
批发业	10.6%	8.4%	3.6%	8.6%	19.1%
零售业	6.9%	6.4%	1.5%	5.3%	13.8%
信息通信业	8.0%	6.5%	2.9%	6.6%	14.2%
服务业	7.6%	8.8%	1.3%	5.4%	15.5%

（注）运用“企业活动基本调查”（经济产业省）2001—2013年的数据进行计算。P10、P50、P90分别表示10百分比值、中央值、90百分比值。广义的总部职能管理部门包括调查企划部门、信息处理部门、研发部门、国际事业部门。狭义的总部职能管理部门仅表示总部职能管理部门中的其他部门（总务、会计、人事等）。

接下来，将TFP作为说明变量，用总部职能管理部门比率进行回归分析。控制企业规模、企业年龄、兼职比例、年份、产业（三位数分类）的差异。结果显示：总部职能管理部门对企业整体的生产率发挥了正面作用。“生产率越高的企业，其总部职能管理部门规模越大”，从逆向思维的角度进行推量计算，也得到了相同的结果。换言之，就大多数日本企业而言，实际的总部职能管理部门的规模很可能偏小。但是，在制造业和服务业中，总部职能管理和TFP的关系并没有显著的不同。另外，将企业内部信息网络也纳入考虑再进行推测计算，结果显示，只有在总部职能管理部门规模较大的企业，信息网络的活用才能发挥提高生产率水平的效果。从中也可看出 IT 技术和总部职能管理部门之间的互补关系。

总部职能管理部门越大，生产率水平越高，但为什么现实情况是总部职能管理部门偏小呢？也许有人会感到疑惑。总部职能管理部门的成本在企业会计上被计算为一般管理费用，很容易受到“间接部门合理化”的压力。另一方面，向组织资本的投资应该会对生产率水平发挥非常重要的作用，但它与实地业务的投资不同，很难看到定量的效果，所以容易出现过小的倾向。

作为无形网络投资的交际费

最后，笔者想稍微探讨一下人际关系网络的投资，这部分在过去针对无形资产的研究中未被明确提出。最近，从创新、劳动市场成果、新创业、应对大规模自然灾害的恢复能力等观点出发，都表明了企业间网络和人际关系网络的重要性。

许多实证研究已经证明地理上的靠近对技术的溢出效果有重要的影响，同时，面对面的接触也有利于知识的传递和普及（与第 5 章的集聚经济相关）。大量研究也证明了人际关系对就业、工资等个人劳动市场成果和新创业的贡献。从企业层面来讲也是同样，交易关系网络越大的企业，其生产率水平和成长空间越高。

在进行企业评价的时候，“关系资本”（relation equity）是一个非常重要的要素，虽然它难以换算成金额。与别的企业、大学、研究所、政府机关保持信赖、合作关系的企业的成长空间更大，越是孤立的企业未来越不明朗。在正规研究中，例如 Bernard et al.（2014）通过对大量的日本企业进行分析研究，结果表明，交易关系（供应企业的网络）的规模扩大 1%，企业的生产率水平（从业人员每人的销售额）约提高 0.3%。另外，Todo et al.（2015）认为，越是和多个合作方保持联系的公司，其生产率水平和创造能力越高。上述研究虽然还没能证明二者之间存在明确的因果关系，但已经足够说明企业间的网络规模和多样性所具备的经济层面的意义。

上述研究与“社会关系资本”（social capital）提高经济社会效率的观点密切相关，社会关系资本可以理解为信赖关系、社会网络。原本企业的营业部门就不只是进行产品和服务的销售活动。开拓新客户、与合作方保持良好的关系等都是营业部重要的任务。因为存在长期性的信赖关系，所以节约了交易成本。另外，还有可能扩展各种关系投资。总而言之，就本节的内容而言，社会关系资本可算作一种无形资产投资。

企业的交际费很容易被认为是一种无用的经费，其本质是关系网络交际投资。实际上，根据笔者对日本企业进行的调查（同第2节所述的调查）结果显示，填写问卷的企业中，将交际费看作“维持、扩展合作方以及构建关系网络的无形投资”的企业有42%，另外，有29%的企业认为“为了提高效益和经营效率，应该尽量抑制的经费”。很明显，前者的比例高于后者。

在2013年的税制改革中，在麻生太郎财务大臣的倡导下，降低了交际费缴税的比例，中小企业的交际费中可算作亏损款项的范围扩大了。2014年再次放宽政策，大企业接待餐饮费中高达50%的部分可算作亏损款项，而中小企业中可算作亏损的额度高达800万日元，接待餐饮费中也有50%可纳入亏损的范围。将企业的留存收益转向支出的主要目的是活跃经济指数，基于上述几项旁证，笔者认为它同样有利于促进企业中长期无形资产投资。上述税制措施以两年为期限，其实设置成永久的制度也是可行的。接待餐饮费也许会带有负面的印象，但其本质是无形资产投资。

另外，除了税制，还有必要探讨企业内部，尤其是大企业内部有关交际费用的各种规章制度是否会阻碍有利于生产率提高的人际关系网络投资。交际费用就是浪费，这样的观念就好比在论述总部职能管理的相关作用时，认为间接部门越小越好的论调。但是，对企业表现和经济发展而言，真正需要的投资到底是什么？从实证的观点出发，上述观念太过单纯和绝对。

第 4 章　服务经济与劳动力市场

就业结构的服务化给劳动力市场带来了诸多影响。本章主要讨论以下几个问题：①服务业的高就业吸纳能力；②虽然就业呈现“两极分化”，但就业质量未必低下；③提高服务业的工资水平，必须改善从业人员的人力资源。

由于服务业大多具有“生产和消费的同时性”这一特征，所以，服务业与地区劳动力市场的诸多问题有着密切的关系。也就是说，城市集聚、妇女就业的权衡、公共服务提供的方式以及地域之间最低工资的平衡，都与服务经济相关。

此外，笔者根据统计数据和实证研究的结果，指出对非正规就业监管法规、资格认证制度以及最低工资制度等存在诸多误解，并考察相应的理想政策。

1. 扩大服务业就业的利弊

不断扩大的服务业就业

从日本的就业结构来看，服务业的就业率长期处于上升的趋势（见第 1 章第 1 节）。可是，从可利用的统计数据来看，和制造业相比，服务业劳动生产能力的增长率偏低（见第 2 章）。在需求增长的情况下，低生产率增长意味着就业机会的增加。事实上，根据许多国家的面板数据，无论是从各国间的横断面还是时间序列来看，都可以清楚地观察到劳动生产率和就业增长之间存在强烈的负关系（Dew - Becker and Gordon, 2012）。

另外，针对就业生产的弹性值，和制造业相比，服务业更大。例如电子零部件装配制造业、计算机制造业等 IT 生产部门，其生产效率增长极高（价格极低）。所以，尽管需求增长，其就业量却在减少。但在需求量大的服务行业，因为生产率增长较慢，其就业的比重不断上升。

根据总务省的“全国人口普查”结果，从现在的行业大分类能观察到 1995 至 2010 年这 15 年间的数据。就业者的人数增减情况如表 4 - 1 所示，总人数减少了 457 万人（年增长率为 -0.5%）。其中医疗福利业的就业人数大幅提高，增加了 254 万人（年增长率 +3.6%）。其次是服务业（狭义），增加了 49 万人，信息通信业增加了 32 万人。可是，也有些行业的就业人数减少，例如批发、零售业减少了 211 万人，金融、保险业减少了 46 万人，住宿和饮食服务业减少了 35 万人。第三产业从整体来看略有减少。随着就业结构的服务化，服务业的内部结构也发生了变化。

表 4 - 1　不同产业就业人数的增减（1995—2010 年）

产业	（1）增减（万人）	（2）年增长率（%）
制造业	-354	-2.1%
电气、天然气、供热、自来水业	-7	-1.4%
信息通信业	32	1.5%
运输业、邮政业	-3	-0.1%
批发业、零售业	-211	-1.3%
金融业、保险业	-46	-1.8%
房地产业、物品租赁业	7	0.4%
学术研究、专业技术服务业	-6	-0.2%

（续表）

产业	（1）增减（万人）	（2）年增长率（%）
住宿业、饮食服务业	-35	-0.7%
生活服务业、娱乐业	-23	-0.6%
教育、学习培训业	1	0.0%
医疗福利	254	3.6%
综合服务业	-32	-4.0%
服务业（狭义）	49	1.0%
第一产业	-147	-3.1%
第二产业	-581	-2.3%
第三产业	-36	-0.1%
总数	-457	-0.5%

（注）根据“全国人口普查”（总务省统计局）结果编制。农林水产业、采矿业、建筑业、公共服务业以及分类不明的产业略去不计。

从职业的分类来看，如表 4 -2 所示，许多职业的就业人数都有所减少，但服务业就业人员却增加了 106 万人（年增长率 1.1%）。特别引人注目的是，专业技术行业的就业人员增加了 70 万人（年增长率 0.6%）。专业技术就业人员中包含了大量医生、护士这样的保健医疗从业人员，对这一数据的增加影响很大。而且，服务业就业人员中也有护理人员，其增势也很显著。可以明显看出人口老龄化对于日本职业构成的巨大影响。

政府的经济增长策略开始强调“发挥女性的作用”，以及促进老年人的就业。和制造业相比，服务业的一大特点是女性和老年人所占比率大。女性的比率超过了一半（见第 1 章表 1 -4）。也就是说，作为劳动参与率日趋上升的就业来源，服务业将发挥重要的作用。（Herrendorf et al.，2014）。

表 4-2　不同行业就业人员的增减（1995—2010 年）

职业	(1) 增减 (万人)	(2) 年增长率 (%)	(3) 平均年收入 (万日元)
管理工作人员	-130	-4.2%	698
专业技术人员	70	0.6%	449
事务性工作人员	-75	-0.4%	368
销售人员	-176	-1.3%	329
服务人员	106	1.1%	177
保安人员	11	0.7%	419
农林渔业人员	-151	-3.3%	153
生产工作人员	-267	-1.8%	309
运输机械操作人员	-64	-1.8%	338
建筑、采矿人员	-109	-2.3%	336
搬运、清扫、包装人员	27	0.5%	182
总数	-457	-0.5%	325

（注）根据“全国人口普查”（总务省统计局）结果制成。“分类不明的职业”略去不计。平均年收入根据“就业结构基本调查”（总务省统计局）2012 年的年收入数据计算。

同时，有研究指出可以通过这样的机制促进女性就业：在市场中提供更多的儿童保育和护理服务来取代家庭服务（Freeman and Schettkat, 2005; Ngai and Petrongolo, 2014）。例如，Ngai and Petrongolo（2014）从理论和实证上分析了美国服务经济近年来在减少劳动时间和男女间工资差方面所起的作用，结果表明，家庭服务的市场化带来服务部门的增加，使劳动需求向女性转移，女性的就业率提高，工资收入相对增加。通过这种机制，美国女性的市场劳动力增加了一半左右，男女间的工资差距也缩小了大约 20%。

服务业中非正式员工多

和制造业相比，服务行业的非正式员工比例很高。从 2012 年总务省所做的“就业结构基本调查”的结果来看，非正式员工（相对于员工总数）的比率，制造业只有 26%，而服务业中的许多行业都超过了一半，如住宿和餐饮服务业 73%、生活相关服务和娱乐业 57%、服务业（狭义）51%、批发零售业 50%。

服务业多具有“生产和消费同时性”的特点，不能像制造业那样把库存作为缓冲来实现生产的相对均衡。而且，服务需求会根据季节、星期、时间段的不同而发生很大的变动（Cardoso et al.，2012）。因此，对于服务企业、事务所的生产力以及收益性，利用率发挥了极其重要的作用。第 7 章将对此进行详尽的叙述。例如酒店业，随着近年来外国旅客的增加，客房的利用率大幅提升。利用率的上升会提升生产率，但生产率的数量级变化，更取决于劳动力应需而变的灵活性。这一点和钟点工、临时（日结）工这样的非正式员工多有很大的关系。

一般来说，劳动投入量的变化，首先是通过调整加班等工作时间，其次是通过劳动者人数来调整。和正式员工相比，非正式员工的就业调整速度更快。也就是说，生产发生变动时，非正式员工的人数更易调整。但是从劳动者的立场来说，就业的稳定性低。

笔者采用“企业活动基本调查”的微观数据，对全职工、钟点工、临时工以及派遣工等不同就业形式的总就业率和失业率进行了测算（森川，2014a）。虽然把制造业和服务业分开进行了计算，可是，两者的就业模式是共通的。临时工以及派遣工的就业率和失业率约为全职工人的 3 倍。虽然新的就业机会多，但再次失业的概率也高。而且，临时工、派遣工的总就业率和失业率高达钟点工的 2 倍甚至以上，说明非正式员工的就业稳定性偏低。和制造业相比，服务业的非正式就业的稳定性并不低。但是，因为服务业的非正式就业比率高，所以，行业整体的就业稳定性偏低。

国内外的实证研究都证明，行业倾向于雇佣非正式员工来应对生产变动。研究对象并非仅限于服务行业，欧美国家的多个实证研究结果显示，企业使用派遣工来应对需求的变化和生产量的不确定性（Segal and

Sullivan, 1997; Vidal and Tigges, 2009; One and Sullivan, 2013)。Kunn - Nelen et al.（2013）以荷兰的医药销售业为研究对象，就服务行业钟点工对企业生产率的影响进行了考察，发现因钟点工可以灵活分配劳动时间，其市场占有率越高，企业的生产率也越高。并且分析说，饮食店、呼叫中心之类人员需求变动大的服务行业，采用钟点工应该获得同样的效果。作者本人针对日本企业的调查（森川，2014a）也表明，销售波动性大的企业，可以通过雇佣更多的非正式员工来提高生产率。相反，销售波动很大，却无法有效调整劳动力投入的企业，生产率会降低。当然，各个企业和事务所自身的努力也有很大的发挥空间。例如，通过周密的价格设定或市场营销等方式来减少需求（也即生产）的变动，或者通过轮班制来灵活应对因季节、星期或时段所带来的需求变动。内藤（2015）通过对旅馆的现场考察，证实了改善旅馆的轮班管理可以极大地提高其效率。但是，企业层面可能的应对是否能扩展到更多的层面，取决于劳动力市场的诸多制度。

上述考察结果显示，服务业生产率的提高和就业的稳定之间需要权衡。如果所有这些都是重要的政策目标，那么就必需遵循政策分配采取多种政府手段。也就是说，一方面要确保企业具有灵活调整劳动投入量的市场制度，另一方面又要为非正式员工提供就业保障以及提升能力的机会。这样的政策组合或许才是最理想的。

其实，并非所有服务业的就业都不稳定。Foster et al.（2015）对美国零售业企业、事务所的进入和退出、就业和失业进行了测算，发现规模大的全国连锁店，生产率高，退出率低，就业的稳定性也高。在日本也是同样的情况，在以零售业和饮食店为首的服务业，大企业的分店拓展都很顺利。

笔者本人的分析结果也表明，为追求企业的规模经济效益设置多个事务所的服务业的生产率，高于只有单个事务所的服务业（见第 2 章）。不仅如此，这些企业还可以通过转换配置等方式，来确保劳动力投入量的灵活性和就业的稳定性。也就是说，较之单个的企业或事务所，在这些企业内部，生产率和就业稳定性之间的权衡在某种程度上得到了缓解。

2. 服务业工资的提高有待于生产率的提高和人力资源的改善

停滞不前的工资水准

受低增长、长期通货紧缩和非正式就业增加等因素的影响，日本员工的工资长期停滞不前。据日本厚生省“每月工作统计”对 5 人以上规模的事务所的调查结果显示，从可追溯的 1993 年之后的工资变化来看，截至 2015 年，现金补贴总额（就业形式计算）年增长率 -0.4%。除去物价变动的影响，实际工资年增长率 -0.5%。这个数字看似很小，其实其中的名义工资和实际工资各自少了约 8% 和 11%。

但是，众所周知的是，钟点工比例不断攀升这一结构变化，对从平均值看到的工资的增长有很大的影响。根据同一统计结果，钟点工比率 1993 年是 14%，到 2015 年增长了 2 倍以上高达 30%。特别是服务行业，钟点工的比率高于制造业。所以，这种构成的变化对工资的影响更大。2015 年的数据，从不同行业来比较，相对于制造业的 14%，批发业、零售业高达 44%，医疗福利行业也达 30%。

因此，从全职工和钟点工各自的现金补贴总额来看，年增长率都有 0.2% 的微增。全职工和钟点工各自的实际工资虽然没有公布，除去物价变动，年增长率增加了 0.1%。也就是说，过去 20 年间，虽然从工人整体的平均数据来看工资似乎并没有下降，但是实际上基本处于停滞不前的状态。在这种情况下，在摆脱通货紧缩的宏观经济政策背景下，对工资增长的预期正在上升，政府强烈敦促大公司提高工资。

无论是在时间序列还是横断面上，生产率和工资都具有密切的关系。所以，要持续提高工资水平就必须提高生产率。而且，大企业和中小企业之间，大城市和小城市之间，各个劳动者之间的工资差距，又和企业间、地区间以及个人间的生产率差距密切相关。

生产率和工资之间的关系

在经济高度增长时期，日本生产率总部提出了“生产率三原则”：①就业的稳定和扩大，②劳资合作和劳资协议，③成果的公正分配。特别重要的是工资和生产率增长的联动性这一理念。这一原则在劳资双方间共有，之后成为工资谈判的准则。其结果是，员工积极协助企业进行技术革新，而企业为提高员工技能积极进行教育培训。目前，由于工会组织率下降，员工年龄构成发生变化，非正式员工增加等原因，日本式的劳资关系发生了很大的变化。无论如何变化，其本质依然是不变的——要提高工资必须提高生产率。

当时生产率的概念主要指劳动生产率，全要素生产率（TFP）这个概念很少被人提及。虽然 TFP 的增长必然带来劳动生产率的提高，但是，即便 TFP 没有增长，劳动生产率一样可以通过资本设备费率的提升而得到提高。不过，资本设备费率并非通过设备投资的扩大就能无限提高，因为设备投资的前提是确保一定的资本收益率（资本成本），从长远来看，资本存量的增长是一个内生变量。而且，设备带来的收益，原则上是给股东或贷款方以分红或利息的形式返还的。所以，即便有提高员工工资的效果，也是有限的。

那么，TFP 的增长能否带来提高工资的效果呢？由于 TFP 增长依靠的是创新、企业经营的效率等诸多因素，很难泛泛而论。如果 TFP 增长的源泉是员工技能的提升，其成果的大部分可以归属员工。另外，当创新是 TFP 增长的源泉时，其成果的一部分也可能由员工获得。这种情况被称为员工的“分成”。

因技术进步带来的附加值多大程度能归属员工，得看员工讨价还价的能力。之前的很多研究结果显示，员工分享了利润的一部分（调查报告 Manning，2011）。也就是说，至少中性技术进步成果的一部分带来了工资的提升。根据事实可以观察到这样的倾向——TFP 越高的企业其工资水平也越高，TFP 增长率高的企业其工资的涨幅也大。

创新和工资

毫无疑问，创新是 TFP 增长的重要源泉。服务业往往被认为创新不如制造业活跃。的确，无论从进行研发的企业比率还是研发强度（研发支出和销售额的比例）来看，服务业都低于制造业。

但是，根据笔者基于调查数据所做的研究来看，虽然和制造业相比，服务业实施创新的企业比率低，但是，一旦实施创新，服务业企业的生产率非常高。从工资也可以看出，产品创新的企业工资水平高，创新的有无所带来的平均工资差，制造业不到 7%，而服务业超过了 10%。换句话说，服务创新在提升 TFP 的同时更能给员工带来较高的工资水平。

除了创新，影响 TFP 增长的还有其他各种因素。据笔者的分析，在日本零售服务业、企业和事务所的规模经济也得到确认，企业的整合以及连锁的拓展提升了 TFP，因此有可能提高工资水平。最近，日医学馆、倍乐生、圣凯尔家庭等大型护理服务企业，也因人手严重不足而开始提高工资待遇，涨幅甚至超过了护理费。美国的零售业，随着企业和事务所规模的扩大，工资水平也有显著的提升（Cardiff－Hicks et al.，2015）。以沃尔玛、星巴克为代表的具有大规模连锁特性的现代零售业和饮食店也与传统的小型家庭经营商店不同，工资水平有所提高。在日本，服务企业的大规模化、连锁的拓展，极有可能通过企业的规模经济实现工资的提升。

良好劳资关系的重要性

第 2 章介绍了企业管理等内部管理机制和生产率之间的关系。劳动力市场方面，最受关注的是劳资关系以及工会和生产率之间的关系。前面谈到的经营质量的指标，也是把人力资源管理、根据员工表现给予的奖励和晋升、优秀人才的招聘和续聘作为主要的构成要素。实证研究结果表明，不仅限于服务业，员工的技能、奖励和动机对生产率有极大的决定作用，良好的劳资关系是组织生产率的基础，员工对工作的高度满意会给生产率带来好的影响（Bockerman and Ilmakunnas，2012）。

日本的工会组织率长期处于低迷状态。过去，企业工会与长期就业、工龄工资一样，被视为日式就业惯例的支柱之一。这种包含企业工会的日式就业惯例被评价为日本高度发展的支柱。关于工会和生产率之间的关系，日本国内外也有很多相关的研究。在美国，工会对工资水平发挥了极大的积极作用，被誉为“工会工资溢价”。另一方面，也有这样的共识——即认为工会对生产率没有影响或是即便有也是很少的，对于企业的收益，其影响力是负面的。

但是，在笔者看来，和美国不同，即便最近高度增长期已结束，日本的工会对企业生产率的正面影响依然不能忽视。而且，有工会的企业，其工资虽高，但与生产率的高度是一致的，对企业的收益没有负面影响。而且，有工会的企业可以同时进行优秀的劳务管理，有了工会就能提高生产率——关于二者这样的因果关系还没有得到验证。不过，工会的存在可以成为良好的人事管理的代理变量。服务业从整体来说和制造业相比，工会组织率低下，非正式员工多。基于这个情况，如果能想办法设立这样一个机制——既能听取各类员工的需求，又能促使劳资之间的合作，那么，这将为生产率和工资的提高带来良性循环。

服务业的工资低吗

或许大家有这样的印象——服务业的工资比制造业低。并且，正如本人在上一节分析的那样，服务业中非正式员工的比例高，很多行业有临时工。根据日本厚生省 2014 年基于“工资结构基本调查”发布的数据，如果将不同行业的计时工资与所有行业的平均工资进行比较，即便同为服务业也会因行业的不同导致工资水平有很大的差异。教育、学习培训、金融保险、学术研究、专业技术服务等行业的工资很高，与此相对，运输、餐饮住宿、医疗保健以及狭义的服务等行业工资水平相当低。批发零售行业的工资略高于所有行业的平均值，制造业的工资水平和所有行业的平均值持平，属于可提供中等工资水平的行业。

但是，对行业间和企业间的工资水准进行比较时，必须考虑学历、工作年限等和员工技能、性别以及年龄相关的不同特点。不管国内还是国外，多数研究都是在修正了这些个人属性后对行业间的工资差进行研究的。Krueger and Sumamers（1988）是初期最具代表性的研究。在对美国大量可观测的个人属性进行补充修正后，发现零售、饮食、个人服务业的工资低，而制造业的工资相对较高。

关于日本，使用“工资结构基本调查”的微观数据对工资系数进行推算，计算出不同行业的工资差（一般员工）。具体如表 4 - 3 所示。

表 4 - 3　个人属性调整后的行业间工资差

行业	(1) 个人属性调整前	(2) 个人属性调整后
制造业	-2.0%	-1.9%
电气、天然气、供热、自来水业	65.2%	17.1%
信息通信业	23.3%	10.2%
运输业、邮政业	-8.1%	-9.3%
批发业、零售业	-8.9%	-8.6%
金融业、保险业	30.0%	8.3%
房地产业、物品租赁业	-2.9%	7.4%
学术研究、专业技术服务业	21.5%	10.0%
住宿业、饮食服务业	-30.1%	-13.1%
生活服务业、娱乐业	-27.2%	-7.5%
教育、学习培训业	26.4%	17.6%
医疗福利	-4.0%	16.8%
综合服务业	5.2%	-7.5%
服务业（狭义）	-14.4%	-2.9%

（注）根据基于“工资结构基本调查”（厚生劳动省）的微观数据（2009 年）对一般员工（全职）工资函数的推算结果制成。各行业的数字是和整个行业进行的比较。“个人属性调整后”是对性别、学历、潜在经验年限及其平均的工作年限和平均的企业规模的行业差异进行控制后得出的数字。

结果显示，一旦控制性别、学历、潜在经验年限、工作年限以及企业规模，行业间的工资差就会大幅缩小。特别是餐饮住宿、生活服务、娱乐、服务业（狭义）之类平均工资低的行业，和整个行业平均值之间的差距，与属性调整前相比缩小到一半以下。教育背景、工作年限之类员工技能和企业规模的差异，是造成行业间工资差距明显的主要原因。

这里只是控制了通过统计数据可观测的个人特征，不能统计的个人能力差距也应该对行业间的工资差距带来影响。例如，Abowd et al.（1999）采用法国的面板数据对统计上没法观察的个人属性进行了推算，结果发现，行业间工资差距的90%都是因为个人差异。也就是说，在工资低的服务业，要持续提高工资就必须提高员工的工作技能。关于员工技能的重要性后面将进行论述。

工资差距和劳动力市场的两极分化

在欧美几个主要国家，高薪职业和低技能职业的就业不断增加的同时，中等技能职业的就业却在减少，劳动力市场处于两极分化的状态（Autor et al.，2003；Goos and Manning，2007）。研究指出其主要原因在于IT代替人工处理日常业务以及中国等新兴国家参与了竞争。正如前面所述，制造业多数的职业属于中等技能，而服务业的职业则表现为分列工资两端的倾向。因此，服务经济的推进以及制造业就业的减少，不管存在什么因果关系都和两极分化密切相关。

事实上，Autor and Dorn（2013）聚焦服务业，对美国的劳动力市场进行分析，结果显示伴随两极分化的现象，教育水平低下的个人服务工作者在增加。Moreno－Galbis and Soprasenth（2014）就法国老龄化对就业两极分化的影响进行了分析，结果显示，位于工资最底层的就业增长主要是低收入者较多的个人服务业。原因在于随着老龄化人口的增加，个人服务的需求也随之增加。也就是说，除了以IT为中心的技术进步和全球化所带来的影响之外，人口结构变化导致的国内需求的变化，也影响着就业的两极分化。

关于就业的两极分化，我们来观察一下日本的数据。表 4－2 中的列（3）里显示了基于“就业结构基本调查”所得出的不同职业的平均年收入。从 1995—2010 年，专业技术这类高收入职业的就业人员增多，与此同时，服务业中从事搬运、清洁或包装之类收入相对偏低的就业人员也增多了。而从事生产工程的中等收入的就业人员人数却大大减少。虽然没有经过正式的验证，日本也呈现出经济服务化和就业两极分化并行的问题。虽然在政治上对“庞大的中产阶层”有着强烈的期待，可是，在技术进步和全球化的背景下，这样的理想状态很难实现。

不仅仅是两极分化，社会对整体工资差距的扩大也越来越关注。工资是代表员工生产力的指标，个人之间的生产力差别越大，工资的差距也越大。Faggio et al.（2010）采用英国的数据对工资差距在制造业和服务业的不同动向进行了分析，发现整个经济体的工资差距扩大的主要原因在于服务业工资分散加剧。并且过去的研究对象仅限于在整个经济中市场占有率低下的制造业，因此，对工资差距的扩大研判不够。

关于日本，采用“工资结构基本调查”的数据，按不同的行业，对同一行业内部的个人工资差进行计算的结果如表 4－4 所示。数字是计时工资的对数方差，除了整体数据以外，还显示了对一般员工（全职）和短期员工（兼职/临时）的分类统计。总体来说，和制造业相比，服务业的个人工资差距更大。不过，即便是服务业，也因行业的不同而不同。教育、学习培训、金融保险等平均工资高的行业其工资差距也大。另一方面，餐饮住宿、生活服务、娱乐等平均工资低的行业，其工资差距也小。

至于一般员工（全职），因为存在学历等个人属性的信息，所以是调整了这些属性后进行统计的。具体见表 4－4（4）。属性一旦调整，无论哪个行业的工人的工资差都有大幅缩小。这就意味着，当我们在考虑整个经济的工资差距时，必须考虑员工在技能上的差异。

表4－4　行业内的工资差距

行业	（1）所有员工	（2）一般员工（全职）	（3）短期员工（兼职/临时）	（4）一般员工（属性调整后）
制造业	0.298	0.271	0.087	0.128
电气、天然气、供热、供水	0.217	0.187	0.189	0.067
信息通信业	0.310	0.285	0.144	0.134
运输业、邮政业	0.303	0.291	0.085	0.152
批发业、零售业	0.293	0.263	0.058	0.131
金融业、保险业	0.377	0.336	0.109	0.150
房地产业、物品租赁业	0.317	0.268	0.091	0.145
学术研究、专业技术服务业	0.320	0.287	0.178	0.147
住宿业、饮食服务业	0.127	0.183	0.035	0.106
生活服务业、娱乐业	0.189	0.191	0.081	0.114
教育、学习培训业	0.435	0.341	0.544	0.160
医疗福利	0.268	0.223	0.315	0.135
综合服务业	0.262	0.236	0.100	0.085
服务业（狭义）	0.252	0.232	0.095	0.127
综合服务产业	0.347	0.305	0.139	0.151
整个行业	0.346	0.299	0.136	0.147

（注）根据基于“工资结构基本调查”（厚生省）微观数据（2009）的计时工资对数方差计算结果制成。

提高发挥关键作用的人力资源的质量

前面我们讨论了这一点：服务业的工资一般来说并非比制造业低，即便是服务业内部，也要看行业，行业不同，工资也有很大的差异。而员工的技能这一属性对工资的影响很大。下面，我们就来具体谈谈服务业内部员工的技能问题。

关于员工的技能，评价有各种指标，最具代表性的是学历。从2010年的“全国人口普查”数据来看，技能集约度（指大学以上的比率），制造业30%，服务业27%，总体上差别不大。但是，服务业内部，行业不同带来的差距较大。从数据来看，教育学习培训业（65%）、信息通信业（54%）、专业技术服务业（50%）、金融保险业（47%），这些行业的技术密集度高。而餐饮住宿（10%）、生活娱乐服务（12%）、运输业（14%）等行业的技术密集度相当低。

人力资源质量是影响国家经济增长速度的终极要素。加上处于全球增值链和任务链的国际分工不断深化的大环境中，国内知识密集型商业服务的发展决定了国家在国际上的竞争优势（见第6章）。美国服务业在过去的半个世纪中，市场占有率上升了20%，而且几乎都是技术密集的服务，如高等教育、法律服务、金融、房地产、会计、广播、航空运输、医疗等（Buera and Kaboski, 2012）。与此相对，在日本，市场占有率高的服务业未必是技术密集度高的行业。

服务业也不例外，要想持续提高生产率和工资，最根本的就是必须提高技能乃至人力资源的质量。人力资源投资不仅限于学校教育，企业内部的职业培训、幼儿期的家庭教育等也属于这一类。“企业活动基本调查”从2009年开始对企业员工的能力提升开发支出做了追加调查。但是必须注意的是，调查对象仅限于Off-JT（离岗培训），不包括OJT（在职培训）。

基于这个数据（2009—2013年），我们首先来看看有能力提升开发支出的企业的比例。整个行业是28%，制造业是28%，服务业（不包括电力、天然气、自来水、供应的第三行业）是27%，几乎没什么差别。其次，我们来看看企业用于每个员工的能力提升开发支出。整个行业平均3.2万日元，制造业是3.0万日元，服务业是3.4万日元。可以看出服务业中企业负担的教育培训支出并不少。特别是信息通信业，40%的企业都有对能力提升开发的支出，每个员工的支出费用达5.0万日元，算是一个相当高的数字了。

但是，这样的印象很强烈——无论哪个行业，绝对值都相当少。按企业规模进行比较，发现大企业（资本超过 1 亿日元）中 78% 都有能力提升开发方面的支出，而中小企业（资本不到 1 亿日元）只有 23% 对能力提升有相关支出。用于每个员工的金额也是，大企业为 3.6 万日元，小企业为 2.9 万日元。可见，能力提升开发的支出在企业规模上存在差别。

从能力提升开发支出的有无和企业生产率之间的关系来看，对企业规模和行业的不同进行修正后，有能力提升开发支出的企业很高，其劳动生产率为 13.3%，TFP 为 8.7%。有意思的是，把制造业和服务业分开来看并没有太大的差别，但是，单看服务业，能力提升开发支出对生产率的作用很大，约为 1%。这里的计算结果未必意味着二者之间存在因果关系，但它给了我们这样的启示——在服务企业内部进行的教育培训有可能提高生产率。

这些数据都只显示了对该企业有利的一面。人力资源质的提升可以带来知识技术溢出等社会效益，所以，与研发投入一样，和社会理想水平相比，极可能投资过小。根据国际比较研究的结果，对于超长期的经济增长，学历的提升起着极大的作用。国民的平均知识技能（学历）1 标准偏差（经合组织 PISA 得分为 100 分）的上升，就能将今后 40 年的年平均增长率提高 2% 左右（Hanushek and Woessmann, 2011）。

基于这个结果进行机械计算的话，日本的 PISA 得分将处于世界顶级水平，几十年间的增长率将提高 0.6 个百分点（森川，2015a）。虽然投资人力资源回报需要很长的时间，但是，对学校教育质量的提升、企业的教育培训等无形资产的投入在政策上给予奖励，对经济和社会的发展都极其有利。

3. 高级人才的培养和资格制度

肩负高级人才培养重任的研究生教育

从提供高级人才这个意义来说，研究生教育起着重要的作用，主要发达国家研究生毕业生就业数量呈上升趋势。日本 2015 年就职的硕士约 5.4

万人，博士约 1.1 万人。过去 20 年间，各自以年增长率 4.8%、5.5% 的趋势增长（大学本科毕业的就业人数年增长率增加了 1.5%）。研究生毕业的工作单位多是重视创新的行业，专业技术类的职业占多数。

笔者通过“就业结构基本调查”的微观数据对工资系数做了推算，考察研究生的工资比本科生高多少（“毕业生工资溢价”）（Morikawa, 2015a）。结果表明，对年龄和工龄等差异进行修正后，研究生的工资比本科生的工资多了 30%。不仅是男性，女性也有同样程度的增加。

从聘用研究生的行业来看，比起制造业（29%）和信息通信业（15%），医疗保健（55%）、金融保险（40%）、批发零售（38%）等行业的工资涨幅更大。

虽然也有“受过高等教育的在职穷人”之类的博士毕业没有稳定工作的情况，但从统计的数据来看，平均而言，研究生教育的回报率非常高。虽然不论教育背景如何都存在工资差距，但是，“在职穷人”绝大多数还是低学历者。

不仅仅是工资，和本科生相比，研究生还有一个特点，那就是女性和 60 岁以上的就业率也高。其结果是，投资研究生教育的终身回报率，男女都大大超过 10%。这个数据把投资需要的成本和参加工作时间推后所产生的费用等都考虑了进去。这个数字远远高于一般投资回报率，目前研究生教育可能投入过少。

在人口减少的背景下，如何向全民参与型的经济社会转型已经成为一个亟待解决的课题。从长远来看，研究生毕业人数的增加可能有助于扩大女性和老年人的就业。在政策上完善奖金制度或许有效。

在美国，研究生教育就不用说了，科学、技术、工程、数学（science, technology, engineering, and mathematics：STEM）专业的毕业生所起的作用令人瞩目。例如，Webber（2014）指出 STEM 专业的毕业生比其他专业的毕业生终身收入高。日本的现状是，除了和教育相关的专业以外，研究生毕业从事制造业的比例较高。不过，为了充分利用 AI 和大数据，STEM 专业的研究生毕业生也有可能在服务性企业就职，充分发挥他们的作用。

资格制度的作用和问题点

服务业中广泛存在资格制度，例如律师、医生等需要高水平专业技术的职业，就必须具备业务专属资格乃至必备资格，即许多职业都需要有资格证书才能从事。

日本的资格制度大多数是从第二次世界大战之后陆续引进的。在医疗保健、公共卫生等领域，从1946到1948年，理发师、美容师、按摩师、保育员、兽医、医师、护士等资格在法律上被制度化，之后，药剂师（1960年）、柔道选手（1970年）等资格也被制度化。在商业服务领域的专业服务方面，除战前就被制度化的律师、专利代理人之外，注册会计师（1948年）、税务师（1951年）、房地产鉴定员（1963年）等资格是战后被制度化的。

这些资格制度大多被纳入社会监管的范畴，以确保国民的生命财产安全。估计很少有人会认为应该废除任何一项制度。但是，这些资格制度对服务业的市场竞争和高水平就业人员的劳动力市场运作具有很大的影响。在美国，资格认证制度在服务监管中占了相当大的比重。资格制度，特别是许可制度作为准入规则发挥作用，在提高服务价格的同时，也给具有相关资格的人带来了高技能水平无法解释的工资溢价（Kleiner and Krueger，2013；Gittleman and Kleiner，2016）。

例如，医疗领域的实证研究指出，医师和护士（Kleiner et al.，2014）、牙医和牙科护士（Wing and Marier，2014）之间存在替换关系，所以，护士和牙科护士业务范围的扩大（分级发放许可证），可以缓解资格制度带来的副作用，提高国民获得医疗服务的机会。而且，Thornton and Timmons（2013）针对按摩师资格的影响进行了分析研究，指出许可制度通过准入限制带来了工资溢价。认证制度（certification）也被认为具有同样的影响力。和资格制度相关的调查报告Kleiner（2000）认为，应该从政策层面上研究一下如何将许可制度替换为认证制度。

Kawaguchi et al.（2014）对（因一级建筑师伪造结构技术书而引入的）

《建筑标准法》的强化修订（2007）进行研究，得出一个意味深长的结果。由于建筑师的工作缺乏弹性，建筑法规的强化使持有资格证书的建筑师的工资提高了 30%，并使公寓的价格上升了 15%。也就是说，建筑法规的强化，在给建筑师和开发商带来意外收入的同时，也增加了消费者的成本。这个分析结果对如何解决旭化成建材打桩机数据篡改问题极具启发性。

由于资格制度是专业技术性强的业界行规，所以，最好是随着技术进步和经济环境的变化来重新审定。但是，包括资格制度在内的社会监管的强化，往往在媒体闹得沸沸扬扬之后才得以实现。这种状态下的制度修订，很难考虑到对效率、生产率以及中长期的消费者整体利益所带来的副作用。这样反复累积起来的规定对服务业生产率带来了什么样的影响，有必要在事后进行验证。

4. 从地区劳动力市场的角度来看

人口集中度、工资以及通勤时间

由于集聚经济效应的存在，即便是同一国家，地区不同，生产率和工资也存在很大的差异。而且，服务业和制造业相比，其集聚经济效应往往更大。笔者基于“工资结构基本调查”所得出的分析结果也表明批发零售等行业的密度弹性值比制造业高（森川，2014a）。正如在上一节叙述的那样，可以说生产率和工资之间存在密切的关联。

基于这个事实，在日本总人口减少的情况下，如何保持人口集中是一个重要的课题。必须在都市层面形成卫星城市，引导人口向中心城市集中。而且，由于劳动者的大范围迁移需要成本，必须靠完善政策来推进，排除制度方面的障碍。国外有这样一些政策提案，例如为顺利推进劳动者的迁移，采取凭证制度（Moretti，2012），以及对部分与该地区生活费挂钩的税收进行减免（Albouy，2009）等（见第 5 章）。

要提高服务业的生产率，必须保持经济集聚。从这一点来看，人口向大城市的集中也存在弊端。最具代表性的就是因通勤时间过长给女性就业带来的负面影响。最近，经济增长的战略目标集中到如何提高年龄段在25到44岁之间的女性的就业率上，可是，根据2012年所制成的“就业结构基本调查报告”，和全国平均70%的数据相比，奈良县（64%），兵库县（64%）等大阪周边的几个县和神奈川县（65%）、埼玉县（67%）、千叶县（67%）等东京都周边的几个县的数据都低。再从这个年龄段已婚女性的就业情况来看，和全国平均61%这个数据相比，兵库县（53%）、神奈川县（53%）、大阪府（54%）、奈良县（55%）、千叶县（56%）等依次从低到高，均低于平均值。

而且，这个年龄段的女性就业率和通勤时间的长短密切相关。都道府县的平均通勤时间每延长1个标准偏差（约15分钟），这个年龄段的女性就业率就要低3.2个百分点，已婚女性的就业率更是低5.0个百分点。如果通勤时间长，已婚女性就很难同时兼顾工作和家庭。大家在讨论工作和生活的平衡（WLB）这个话题时，往往把注意力集中在职场的加班时间上，其实，通勤时间也应该纳入考虑范围中。

那么，如果服务业生产率的提高和女性就业之间存在权衡，怎样处理才好呢？政策目标间存在权衡，就应该准备多个政策手段，针对各政策目标采取行之有效的政策手段。这是政策分配的一大原则。

人流向大城市的集中，在提高生产率的同时也延长了通勤时间。如果这是影响女性就业的一大因素的话，通过人口集中提高服务业的生产率的同时，应当实施有利于女性就业和育儿的政策措施。笔者认为以下两点非常重要：①对需要儿童保育服务多的城市，减少周边保育服务的供给限制，②通过创新来帮助女性兼顾工作和育儿。

许多实证研究已经证实，完善的保育服务对促进女性就业具有积极作用。在日本，宇南山（2013）的研究就明确证实了这一点。另一方面，Asai et al.（2013）的研究表明，虽然日本不断发展的保育服务对女性就业有促进作用，但是，三代同堂情况的减少又使这一作用不能得以充分发挥。Bauernschuster et al.（2015）对21世纪00年代后半期在德国举行的大规模保育制度改革进行了研究，结果显示，这一大规模保育制度的改革，对提升婴儿的出生率和扩大女性就业均有积极的推动作用，比儿童津贴等金钱福利更具成本效益。

保育服务自身就是一个重要的服务中心，但是，它和市场服务不一样，运营受到各种制度的制约。为此，就像后面叙述的那样，保育服务的供给存在大城市供应不足、地方供应过剩的偏差。

女性就业问题是劳动经济学家们的主要议题，相关的政策提案也往往拘泥于劳动力市场制度和社会保障制度等方面，缺乏创新意识。但是，从历史的角度来看，许多研究都证实了家电产品的技术革新和普及极大地提高了女性的就业率（Greenwood et al.，2005；Cavalcanti and Tavares，2008；Coen - Pirani et al.，2010）。

和这个问题相关的创新，笔者想要谈谈交通基础设施和远程办公。据美国（Black et al.，2014）的研究，大城市的通勤时间每延长 1 分钟，已婚女性的就业率就会下降 0.3 ~0.5 个百分点。由此推算出通勤时间的不同给女性就业带来的地区差为 10%。并且论述了交通技术的进步对提高女性就业率起到的积极作用。东京圈的通勤交通网，近年来通过拓宽地铁路线等措施得到了相当大的改善。为 2020 年东京奥运会召开所做的基础设施建设，也进一步改善了东京圈通勤交通网情况。

远程办公是运用 IT 技术的一种广义的创新。例如，Dettling（2013）的研究显示，美国在自己家中使用网络的已婚女性，特别是有小孩的高学历女性的就业率较高。高速网络环境使远程办公成为可能，有利于高学历女性兼顾工作和生活。Bloom et al.（2015c）分析说，在家办公不仅可以平衡工作与生活，还可以通过节省办公空间等手段把企业的 TFP 提高 20% ~ 30%。交通和 IT 领域的技术创新，以及由此带来的工作方式改革，有可能大大缓解这种权衡取舍。

服务业能为女性提供很多就业机会，非常重要。如何促使女性兼顾工作和育儿，充分发挥其作用，除了劳动政策和社会保障制度，还应该考虑更多更有效的政策手段。

公共服务的工资体系问题

除了保育服务，护理服务和医疗服务在制度上也存在大城市供应不足、地方供应过剩的偏差。至于医疗服务，Propper and Van Reenen（2010）对英国的国营医疗制度（national health service：NHS）进行了研究，结果显示，由于护士的薪酬全国统一，导致伦敦等大城市高水平的护士供不应求。也就是说，大城市由于集聚经济效应，市场工资高，潜在的护士更容易找到其他工作。其结果是，除了护士以外，市场工资越高的地区，医院的医疗质量越低（患者死亡率高），社会成本越高。

与此相对，在英国没有工资限制的护理服务机构，市场工资越高，其护理服务的效果也越好。Crawford et al.（2015）的研究表明，伦敦拥有护士资格的劳动供给，对其他职业的相对工资很敏感。那么最合理的办法是提高伦敦护士群体的报酬。

关于学校教师的工资情况，在美国有许多的相关研究。结果表明，给非教员的工资越高，教师的质量就越低（Corcoran et al.，Hoxby and Leigh，2004；Bacolod，2007）。至于英国，Britton and Propper（2016）的研究显示，由于公立学校教师待遇的地区差别过小，在大城市，与当地劳动力市场的工资相比，教师工资偏低，这甚至影响到学生的学习成绩。还有研究证明，虽然属于纯粹的公共服务领域，可是全国上下无差别的统一的工资收入对警察质量带来了影响（Crawford and Disney，2015）。

根据厚生省的调查，尽管增加了保育院的编制，时隔5年后的2015年4月，人数增加到2.3万人。各市区街道乡村需要儿童保育服务最多的，是以世田谷区为首的东京都，以及大阪府等地方政府指定城市和核心城市。

日本的幼儿保育具有强烈的公共服务性质，基于《儿童福利法》的“保育员运营费国库负担金”是其主要财政来源。和一般的服务业一样，保育院的经费开支中比重最大的还是人工费。而且，“保育单价”（入院儿童每人每月所需的运营费）又和国家公务员的地区补贴密切相关。和上述英国NHS的工资体系以及日本的诊疗报酬制度不同，它反映了工资的地区差，从这点上来说可谓理想的制度。但是，参考标准中使用的公务员工资地区结构，和民营企业相比，地区差距小、人口密度高的大城市相对较低，而人口密度低的地区相对较高。

笔者采用“就业结构基本调查”的微观数据进行推算，发现在控制了学历、年龄等个人属性的基础上，公务员工资（包括国家和地方）的人口密度弹性值为 0.04，是民间企业（0.08）的一半（Morikawa，2016a）。也就是说，公务员工资的地区性模式大大背离了“空间均衡”的目标。当然，保育单价是以国库负担为基准计算的，虽然地方自治体可以独自给保育员增加报酬，但是，从制度来看，大城市的保育员以及保育服务供给不足。

实际上，根据“工资结构基本调查”（2014 年），按照各都道府县的数据计算出的女性保育员计时工资的人口密度弹性值为 0.05，和所有行业的数字（0.08）相比明显偏低。在人口集中度高的大城市，由于通勤时间长，致使处于育儿期的女性就业率低。之所以产生这样的情况，其中一个原因在于保育服务的供应不足。所以，要使价格体系处于中立状态，不因人口的迁移而有所变化，不仅要考虑保育市场的工资水平和国库补助等因素，还要把家庭经济所要负担的费用等纳入地区间的价格差来考虑。

护理服务也和保育服务一样，其地区单价是基于国家公务员地区津贴的不同而不同。这样的机制容易造成大城市护理人员供不应求。另一方面，关于医疗服务的诊疗报酬，虽然存在“地区补贴”制度，但基本上和英国 NHS 一样是全国统一的报酬体系，容易导致地区间的不平衡。

毫无疑问，不仅仅是补助制度，关于这些服务的使用费用也同样值得一议。大城市的服务价格相对便宜，其结果就可能产生超额需求。由于服务业的生产率和人口的集中有着密切的关联，因此，各种公共服务的价格体系最好在空间上（地区间）保持平衡。

最低工资的空间偏差

最后，我们来谈谈最低工资。日本的最低工资标准是由都道府县各自设定的。例如，2015 年度的水准，东京都是 907 日元，神奈川县是 905 日元，都比较高。而鸟取县、高知县、宫崎县、冲绳县是693日元，偏低。这种不强制全国统一、允许地区差存在的制度有一定的合理性。

但是，人口密度低的都道府县，和平均市场工资相比，其最低工资反而相对提高。关于最低工资对就业的影响，国内外的相关研究不计其数，虽然都没有定论，但是，在日本川口·森（2013）就最低工资对就业的影响进行分析，证明最低工资可能对青年工人的就业产生负面影响。

该研究还显示，在零售、批发、餐饮、住宿等行业，员工的工资收入多处于最低水平。服务业的生产率和工资密切相关。而且，从笔者的研究结果（森川，2013a）来看，最低工资越高的地区，企业的利润率越低。受这种影响最明显的并非制造业，而是服务业（狭义）和批发零售业。

国外许多国家都采用的是全国一致的最低工资制度。与此相对，日本按地区来设置最低工资的制度可谓极其合理。但是，如前所述，日本最低工资的地区性结构类似于公务员的薪酬模式，一样存在空间上的不平衡。实际上，最低工资相对于各都道府县的人口密度所得出的弹性值约为0.05，比民间商业机构平均工资的人口密度弹性值（约0.09）小得多。

缩小地区间的收入差距——这是无论哪个国家都需要解决的重要政策课题。如果试图通过工资和价格来解决这个问题，必然伴随有意想不到的副作用，如影响女性和年轻人就业等。如果不需要财力就能提高最低工资，这在政治上是无论哪个国家都会拍手称好，但是必须针对其副作用采取必要的对策。要想缩小工资差距就必须缩小生产率的差距，特别是要提高在地区经济中占据相当大比例的服务业的生产率。

5. 结论和课题

本章概述了服务经济和劳动力市场的关系。具有“生产和消费同时性”的多数服务行业和制造业不同，有着独特性，其生产率受消费的时间变动、经济活动的地理分布等因素的影响大。所以，和工资差距、非正式员工的就业调整、女性就业等劳动力市场的诸多问题密切相关。

要提高日本经济的潜在增长率，关键在于提高经济比重大的服务业的生产率。但是，由于服务业和经济、社会的基础结构以及惯例密不可分，所以，不能从单纯的资助政策着手，而是应该从经济社会结构自身出发去解决问题。而且，这些往往和就业稳定、地区的平衡发展等价值观相抵触。换言之，如果重视别的价值的话，就必须甘愿接受它对日本整体生产率提高的负面影响。

要提高服务业的生产率，就必须在不同的政策目标间权衡选择。可以在面临多个政策手段时，选择行之有效的政策手段，而非死板地固守政策分配原则。

不仅仅是数据的限制，从技术上要正确计算服务业的生产率也是很难的。包括笔者本人的研究，在对之前的研究结果进行解释时也必须做各种各样的保留。特别是在日本，和企业、事务所以及就业人员相关联的面板数据尚未完善，在分析生产率和劳动力市场的关系时受到很大的制约。鉴于服务业对经济的重要性，今后，必须在不断完善数据的同时，进一步采用微观数据、面板数据来分析服务业的生产率，加强对服务业的人员就业和工资的相关研究。

第 5 章　城市、地区经济和服务业

因为大多数服务业都具有“生产和消费同时性”这一特征，所以其布局模式和生产率与人口的地理分布和地区经济有着密切的关联。本章在概观服务业布局模式的实际情况的基础上，预测具有城市型产业性质的知识信息密集型的服务产业不可避免地将集中于大城市，且东京人口的绝对数迟早会减少，要持续提高日本整个服务领域的生产率，必须在地理上进行“选择和集中”。

具体论述包含以下几个方面的问题：城市的紧凑化、人和企业迁移的快捷方便化、基础设施建设更新的重点化、大城市土地有效利用的必要性。此外，还将从适当的政策分配角度，考察在振兴地方的背景下备受关注的城市化与生育率之间的关系。

1. 服务业不可避免地集中于大城市

地方衰亡论和地方振兴运动

具有城市产业型特点的服务业商业份额的扩大，和人口的地理分布有着密切的关系。20 世纪 90 年代后期，人口开始向东京集中。这个趋势在时机上是和产业结构中的制造业缩小、服务业的加速扩大相吻合的。本章节主要着眼于日本的产业结构和就业结构，对人口和产业活动的地理分布进行概述。

最近的“地方衰亡论”认为日本的896个自治体都有消亡的可能性（增田，2014）。受此影响，担心地方人口减少的危机感不断蔓延。根据“日本未来人口预测”（国立社会保障·人口问题研究所），日本2010年的总人口为1.280 6亿万人，到2048年，人口将跌破1亿大关减少到9 913万人，及至2060年人口将减少到8 674万人（按出生和死亡人数中间值估算）。即使出生率急速回落，但因为处于生育年龄段的女性绝对值减少，所以，在今后数十年间，人口减少的趋势依然不可改变。

地区和城市不同，人口减少的程度也有差异，从“日本各地区未来人口预测”（国立社会保障·人口问题研究所）的研究来看，各都道府县中，秋田县、青森县2040年将低于2010年人数的30%以上，36个县的人口减少率将超过日本整体平均减少率（16%）。另一方面，冲绳县、东京都、滋贺县、爱知县、神奈川县的人口减少率不到10%。从各市区町村的情况来看，少数（80个自治体）有望增长，但794个市区町村的人口将下降30%以上，其中有106个市区町村的人口下降甚至超过50%。我们不得不直面这一残酷的数据。

根据2015年所做的“关于推进国土形成计划的民意调查”，多达85%的人认为居住地人口减少、老龄化严重。而且，对于居住地的未来，将近一半的人（49%）感到不安。从总体来看，感到不安和没有感到不安的人数基本持平，但从居住地的城市规模来看，大城市（东京都区部、政令指定城市）感到不安的为38%，中等城市（人口达20万人以上）为47%，小城市（人口不到20万人）为57%，町村为64%。由此可见，城市规模越小，居民对地区的未来愈发感到不安。

在这样的状况下，地方振兴和东京一地人口高度集中的两个问题就成为大家政治上关注的焦点。国会议员定额的修订也和这个问题密不可分。但是，一旦考虑到经济服务化的趋势和城市集聚经济效应的存在，就必须从日本整体经济的增长、国民生活水平的提高这一观点来慎重考虑。

例如，《日本复兴战略》（2013年）以全球城市间的竞争为前提，论述了“日本城市竞争力亟待进一步提高的必要性”，认为“东京应该大胆推进商业环境的整顿，努力把世界城市综合实力排名从目前的第四提高到前三”。而且，该战略还提出了创建国家战略特区的具体政策，建议“在国家战略特区，为适应大城市办公和住宅等多样需求，灵活制定城市开发相关规定，如容积率和土地用途等”。

在此基础上，2013 年末制定了《国家战略特别区域法》。之后，在东京圈、关西圈、爱知县、仙台市、福冈市这些大城市指定了国家战略特区。《日本复兴战略》还提出“在地方城市也应该施行街道内密集化的城市结构重建。在人口减少的形势下，把住宅、医疗福利的功能引导到街道内部，维持并提高城市的活力”。这之后，面向紧凑城市的实现，制定了一系列政策，如 2014 年修订了《城市重建特别措施法》。

变化的日本人口分布

关于人口向大城市集中的实际情况，首先，根据“全国人口普查”和“人口预测”（总务省）的长期数据来观察。虽说是东京人口过于集中（东京人口占日本总人口的比率在 20 世纪 90 年代中期之后有所上升），但和经济高度发展时期的 20 世纪 60 年代后半期（1969 年 11. 1%）相比，现在更低（2015 年 10. 6%）。从包含埼玉县、千叶县、神奈川县在内的东京圈来看，人口用地占有率一直处于上升状态。从 1964 年的东京奥运会到现在约 50 年间，人口用地占有率上升了 7. 5 个百分点，2015 年达到 28. 4%。

另一方面，名古屋圈（岐阜县、爱知县、三重县）的人口用地占有率激增，大阪圈（京城市、大阪府、兵库县、奈良省）的人口用地占有率低下。三大城市圈差别很大。从三大城市圈的合计来看，人口用地占有率超过 50%，和 2004 年比较最近。2015 年的数字是 51. 8%。曾经和东京并驾齐驱的日本第二大城市大阪的人口用地占有率低下，加深了“东京人口过于集中”的印象。

其次，基于“居民基本台账（译注：相当于居民户口本）人口流动报告”（总务省）来看，人口向东京都、东京圈的迁移（迁入人数），从 20

世纪60年代中期到90年代中期的很长一段时间，东京都处于人口迁出过多的状态，之后发展到人口迁入过多的状态直到现在（见图5-1）。

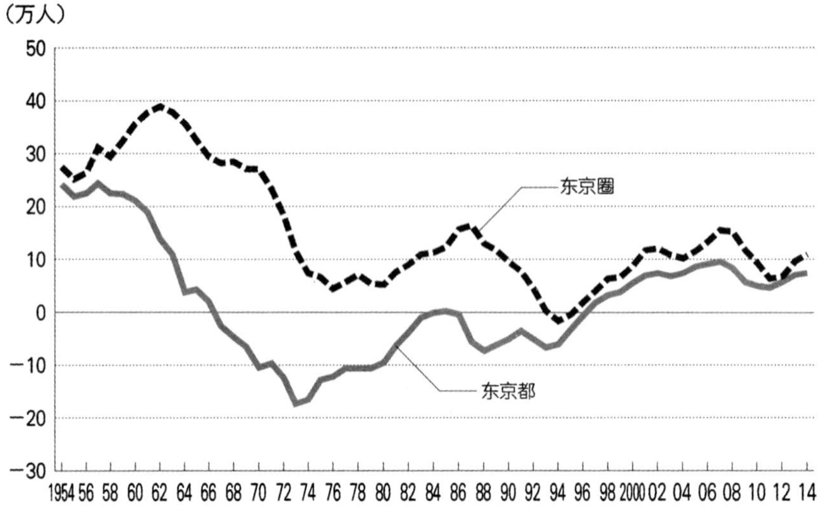

图5-1　人口向东京都、东京圈的迁移

（注）根据总务省统计局的“居民基本台账人口流动报告”和“人口预测”结果制成。东京圈包括东京都、神奈川县、埼玉县和千叶县。

另一方面，从东京圈这个大区域来看，除1994年和1995年稍微迁出多一些人以外，一直处于迁入多的状态，人口不断流入。从图表上显示的两根线的差距来看，泡沫经济破灭后的20世纪90年代前半期之后，迁入东京以外的三个省的人口数量很少，而迁入东京的比例相对较高。在“失去的20年”这个时期，名古屋圈迁入人数略高，大阪圈则是迁出人数更多。

根据“日本地区未来人口预测”，未来人口的地理集中度还会进一步发展。2040年东京圈的人口用地占有率将超过30%，三大城市圈预计共达53.9%。如果仅仅看东京都的话，2040年预计达11.5%。

但是，由于东京圈、三大城市圈的人口绝对数都将减少（2040年之前将分别减少9.3%、11.7%），所以，人口用地占有率上升是地方人口减少得更多造成的。仅东京都就将减少 6.5%。人们常说“东京人口过于集中”，这往往让人产生错觉，以为东京的人口今后还将持续增长，实际并非如此。

其次，从生产和产业结构的角度来看大城市经济活动集中的实际情况。从“各省居民经济核算”（内阁府）的数据来看，各都道府县名义上的县总产量份额，2012 年度东京圈是 32.3%、名古屋圈是 9.8%、大阪圈是 13.7%，三大城市圈合计达 55.8%。根据现在的基准可追溯的 2001—2012 年间，三大城市圈对日本整体经济的实际增长贡献率为 63%（仅东京圈就高达 43%），比名义占有率高得多。

从产业的角度来看，三大城市圈第二产业的贡献率小，仅为 31%（东京圈的贡献率甚至为 -12%）。第三产业的贡献率高达 69%，仅东京圈就达 54%。和日本整体经济服务化的发展并行，大城市成为牵引经济增长的典范。我们在讨论地方振兴问题时不能不考虑服务产业的发展情况。

服务产业的地理分布

服务产业多数具有“城市型产业”的特性，与经济活动的地理分布以及人口迁移有着强烈的依存关系。经济服务化促进了经济活动的城市集中化，城市化又衍生出多种多样的服务，二者相辅相成。

Glaeser 和 Gottlieb（2009）综合调查了以美国为中心的城市集中化，指出今天的大城市专注于商业服务行业，背景在于面对面的接触对服务企业很重要。Henderson（2010）着眼于伴随经济发展的产业结构变化（制造业、服务产业），对经济发展和城市化以及经济差距之间关系的相关研究进行了概观，指出虽然大城市在经济发展的初期倾向于依赖制造业，可是随着经济的发展，制造业转向地方，大城市开始转向服务业。

最近的调查研究（Desmet and Henderson，2015）表明，制造业和服务产业的地理性成长模式存在很大的差异，有这样的倾向——标准化的制造业和服务业里低技能工人集中在小城市，而创新创意产业和高技能职业工人则集中在大城市。

关于日本，Fujita and Tabuchi（1997）这样叙述道：高增长期的重化工业化带来了日本从“东京和大阪的两极结构”向“太平洋传动带结构”的溢出，之后向服务产业的产业结构转型又带来了向“东京单极系统”的溢出。而且，通信交通技术的进步促使知识密集活动向核心地区的集中，大量生产性活动向地方以及海外的扩散。这是造成地区间收入差距扩大的一个主要原因。虽然这个分析是基于截至1990年左右的数据，但此后，通信交通技术不断发展的同时，产业结构的知识密集化也在不断发展，这种趋势将加速发展下去。

关于日本的就业结构和产业结构在地理上的模式，我们按行业对数据进行仔细观察。首先根据“全国人口普查”（2010年）中就业者所在地的就业数据来看一下地方就业人员的地理分布。按行业分类计算地理集中度（赫芬达尔指数：HHI）——各都道府县就业份额的平方和，地域集中度越高数值也越大——来观察就业者整体的地理HHI的相对比率（相对集中度）。

和就业者整体的分布比较，指数大于1的产业，地理集中度高。反之，小于1的产业则意味着地理分布相对分散。HHI只显示地理集中度，例如，如果就业者大半集中在北海道的话，则HHI的数字就大。所以，这个数字大并非就直接意味着就业者集中在东京或大城市。但是，和第一产业不同，在服务产业，HHI值高则几乎意味着就业者向大城市的集中。

与整个产业相较，制造业（相对集中度为0.87）和建筑业（0.83）在地理上相对分散。服务业整体（不包括电力、天然气、供热、自来水业、公务和无法分类的第三产业）的计算结果，虽然地理上比制造业集中（1.10），但行业不同差距也大。

服务业中集中度特别高（即大城市占有率高）的产业是信息通信业（5.11）、房地产业（1.94）、专业技术服务行业（1.81）、金融保险业（1.78）。就像我们在第4章看到的那样，总体来说，就大学毕业生的比例而言，这些服务行业都是技术密集型行业。虽然批发零售业（1.02）从数字来看和整个行业持平，但单从批发业来看，高达1.60，集中度相当高，反映出其企业间交易的特性。单看零售业，只有0.85，和医疗福利

(0.79)、教育学习培训业（0.92)、生活服务业（0.93）这些面向个人的服务业一样，地理分布集中度低，基本和人口分布的比例一样。从“生产和消费同时性”这一服务业的特性来看可以说是再自然不过了。

如果将产业再细分来看，除了信息通信业中包含的影像、语音、文字信息制作业（6.90)、互联网相关服务业（6.86)、信息服务业（5.21)、通信业（3.20）之外，航空运输业（5.99)、广告业（4.84)、专业服务业（2.77）这些行业的地理集中度也高。而且，这些行业的就业情况在三大城市圈的比率都在 70% 前后或者更高。

采用同样的方法按不同职业来计算，办事人员（1.36)、管理人员（1.22)、专业技术人员（1.19）这几类的地理集中度偏高，都是城市型的职业。生产作业人员（0.77）等直接和生产相关的职业，总体来说地理集中度低，多分散在地方。除此之外，护理师、理发师、美容师、饮食服务人员等服务员工（0.88）在地理上也很分散。

再把职业细分来看，音乐、舞台艺术家（6.27)，作家、记者、编辑（5.88)，美术家、时装设计师、摄影师、摄像师（3.32）等艺术类职业，经营、金融、保险专业人士（2.87)，法律相关人士（2.09)、技术员（2.15)、营销员（2.04）等职业多集中在大城市。有意思的是，“不能分类的职业”在大城市的集中度达 2.02，说明在以东京为首大城市存在大量新的职业，很难把它们归于某种已知的行业。

大城市集中度高的商业服务业

其次，我们从“经济普查-活动调查”（2012 年）来观察产业活动的地理分布。如果从大的行业类别来看事务所层面销售额的地理集中度，各都道府县中的销售额由于有些行业的数据不能获取，无法和整个行业比较，只观察 HHI 和大城市集中度。专业技术服务业、房地产业的销售额，多集中在东京圈和三大城市圈。从产业内的分类比较来看（见表 5 - 1 上部)，各种商品批发业（商社)、广告业、专业服务业、信息服务业等的地理集中度高，多集中在三大城市圈，特别是东京圈。

表5－1　销售额地理集中度高的行业和低的行业

产业	(1) HHI	(2) 东京圈用地占有率	(3) 三大城市圈用地占有率
各种商品批发	0.712	85.4%	95.5%
广告	0.429	66.7%	84.2%
专业服务	0.377	67.8%	84.7%
信息服务	0.335	68.7%	86.1%
其他生活相关服务	0.230	57.1%	75.9%
社会保险、社会福利、护理	0.228	55.8%	69.3%
纺织、服装等批发	0.225	41.3%	87.7%
建筑材料、矿物和金属材料的批发	0.202	45.9%	73.9%
房地产交易	0.191	55.1%	80.9%
商品租赁	0.188	48.7%	69.2%
木材和木制品制造（不包括家具）	0.034	7.1%	30.1%
其他零售业	0.037	24.3%	45.5%
协同组合	0.038	11.3%	23.7%
食品制造	0.038	19.8%	42.8%
陶瓷和石材制品制造	0.039	15.2%	45.4%
废物处理	0.039	26.5%	48.3%
汽车维修	0.040	24.2%	46.3%
农业	0.043	8.7%	19.8%
饮食饮品零售	0.043	28.6%	51.0%
家具设备制造	0.044	18.8%	50.5%

（注）根据“经济普查–活动调查”（总务省，2012年）制成。HHI为赫芬达尔指数。

例如，广告业销售额的66.7%，也就是三分之二在东京圈，而且大部分（64.2%）集中在东京都。美国广告业也是地理集中度高的商业服务业，以曼哈顿的广告业为对象的研究（Arazaghi and Henderson，2008）表明相关利润非常大。专业服务业（不能进行分类的行业）的情况也差不多，67.8%的销售额在东京圈，而东京都事务所就占了60.4%。这里包括律师事务所、注册会计师税务师事务所、设计业、经营顾问业等技术含量高的商业服务业。信息服务业更是如此，68.7%集中在东京圈，仅东京都就占了55.6%。虽然表上没有显示，但其他的商业服务业如建筑服务业、警备业（即保安业）等，也属于东京都集中较高的行业。

就像后面将要叙述的那样，包含广告业在内的知识信息密集型商业服务业，存在这样的显著关系——企业所在地区的就业密度越高，其生产率也越高。这里观察到的销售额集中在大城市的趋势与此一致。

另一方面，地理上分散的产业，如表5－1的下端所示，除农业以外还有许多制造行业。服务业中依赖个人消费的饮食饮品零售业以及其他零售业，如医药化妆品零售业、燃料零售业、书籍文具等的零售，其销售额分散在全国各地。

企业总部的大城市集中情况

企业总部一般集中在大城市，特别是东京，这一倾向非常明显。即便是制造业，大公司的总部也多半处于和工厂分离的状态，没有生产活动。根据2013年“企业活动基本调查”（经济产业省）的数据，从总部所在地来看（见表5－2（2）列），3万多家采样企业中，总部在东京圈的企业达38%，三大城市圈合计63%。这个数据和通过不同行业就业的地理分布看到的金融保险业、专业服务业的大城市集中程度一样或略高。

表5－2显示的是员工1千人以上的企业（约2400家）的考察数据。单看员工1千人以上的企业，东京圈占56%，超过一半，三大城市圈合计79%，可以明显看出大企业总部集中于大城市的倾向。这个数据和根据产业分类中就业者的分布观察到的信息服务业、广告业这类知识密集型商业服务业的数据相似。而且，这个数据和根据不同职业员工的分布观察到的办事人员、管理人员集中于大城市的情况是一致的。和2001年

的数字（见表5－2（1）列）比较，2013 年，无论是东京圈、三大城市圈的集中度还是 HHI 都高，显示出总部向大城市的高度集中。

表5－2　总部的大城市集中度

	(1) 2001 年		(2) 2013 年	
	全样本	1 000 人以上	全样本	1 000 人以上
东京圈	35.2%	52.8%	37.7%	55.5%
内东京都	25.8%	43.7%	28.0%	45.3%
名古屋圈	9.1%	8.2%	9.3%	8.7%
大阪圈	16.5%	16.2%	15.7%	14.6%
三大城市圈	60.7%	77.2%	62.7%	78.9%
HHI	0.093	0.217	0.104	0.229

（注）根据“企业活动基本调查”（经济产业省）的微观数据计算。HHI 是赫芬达尔指数。

“企业活动基本调查”的对象限定了行业和员工人数（50 人以上）。虽然没有时效变化，但根据覆盖面广的“经济普查-活动调查”（2012 年）数据，除了单独的事务所，从“总所、总社、总店”的地理分布来看，东京圈占 28%、三大城市圈占 53%。从员工的统计数据来看，分别为 37%、60%，都很高。由此可以明确一点——大企业的总部相对来说都倾向于选择大城市。

第 3 章我们曾谈到总部职能管理部门是企业内部的商业服务部门，在现代企业中的调查企划、研究开发、信息处理、商业调查、财务、人事劳务管理等诸多方面起着战略决策的重要作用（Morikawa，2015b）。

“企业活动基本调查”把总部职能管理部门划分为调查企划部门、信息处理部门、研究开发部门、其他的部门（总务、会计、人事等）。总部职能管理部门的平均人数为员工总体的 13%，即便是限于狭义的总务、会计、人事等总部职能管理部门，平均人数也近 9%，从经济意义上来说也是一个很大的组织机构。抽样企业员工总人数约 1 465 万人中，就职于总部职能管理部门的就有约 128 万人，即便仅限于狭义的总部职能管理部门，人数也有约 77 万人。

总部职能管理的好坏将极大地影响企业的生产率。总部职能管理部门的大城市集中机制和面对面的信息交换以及人脉网络的重要性密切相关，具有和商业服务业的地理分布集中类似的性质。随着 IT 的普及，大多数的信息交换已经失去地区的制约，但并非发去了电子邮件就一定能得到回复，所以，真正重要的交易还是必须当面进行。这样的差异化更是增加了东京的优势，因为这里云集了中央政府的各个机关以及证券交易所等。

事实上，国外众多实证研究已经证明了这一点——之所以总部集中在大城市，原因在于以下两点：①可充分利用个性化的商业服务；②周围存在很多其他公司的总部（Davis and Henderson，2008；Herderson and Ono，2008）。

在日本，松浦（2012）利用“企业活动基本调查”的面板数据进行了实证研究，结果表明，生产效率高的企业，即便选址成本高，也会倾向于把总部设在高学历人才集中的高收入地区。并且进一步论述说，即便地方自治体为吸引企业采取了减少固定资产税和落户补助金等一系列降低选址成本的政策，效果并非如期待的那样理想，所以，必须在软件方面采取政策来促使高水平人才的集聚，提高地方的吸引力。

综上所述，无论是从就业人数还是事务所的销售额来看，和制造业相比，服务业在地理上更集中，其行业之间的差异也很大。地理分布和面向个人服务的人口分布几乎成比例，而面向知识技能密集度高的企业的服务业和总部职能管理这类企业内部服务部门多集中在大城市，特别是东京圈。其原因非常明确，那就是服务贸易中面对面接触的重要性。关于服务业中的集聚经济效应问题，我将在下一章节详细论述。

2. 为什么会产生生产率和工资的地区差

服务业中显著的集聚经济效应

不仅限于日本，即便是在同一国家，生产率和工资在地区上都有很大的差别，其背后的主要原因在于集聚经济的效应（相关调查如 Rosenthal and Strange，2004；Combes et al.，2015）。作为理论机制，提到了企业和事务所的规模经济效应、外部经济效应（其中包括知识的外溢、有深度的劳动力商业、投入生产要素的共享等）。

在人口稠密的大城市，因为顾客多，规模大的事务所和企业才可能生存，得以享受规模带来的经济效应。并且，由于附近集聚了很多的工人，可以随时交换信息，所以，各种各样的知识和信息可以不受企业和组织的约束得以溢出（外溢）。Feldman and Kogler（2010）对创新的地理分布进行了综合性调查，举出了一个程式化的实证事实，即知识的地理性交换（外溢）范围具有局域性。

而且，由于一定的商业区内存在许多企业和事务所，激烈的商业竞争彼此刺激提高效率。在竞争激烈的地区，生产率低的经营者根本无法生存，新陈代谢很快。这种情况下的企业（或事务所）的生产率分布图，若要描制的话，左侧（生产率低的部分）为切断的形状（Syverson，2004；Combes et al.，2012），结果是整个地区的平均生产率都提高了。

根据笔者对日本企业进行的调查（“经济政策和企业经营相关的问卷调查”，2015 年），和处于全球化竞争中的制造企业相比，服务业的国际竞争压力小。关于全球化对竞争的影响，制造业 57% 的企业的回答是“竞争激化”，与此相对，服务业这样回答的企业低得多，只有 34% 。而认为“和国际化竞争原本就没有关系”的企业高达 42% ，与此相对，制造业仅为 19% 。如果是这样，比起原本在世界商业中处于激烈竞争状态的制造业，服务性企业选择有竞争对手存在的地区开展经营，效率可能更高。

对产品和服务对象（顾客）的地理性范围调查显示，制造业 30% 的企业把市场定位为全世界或者亚洲，而服务业却只有 12% 。另一方面，面向都道府县或是市区町村的企业，制造业只有 9% ，而服务业高达 40% ，说明服务业的地理性商业范围狭窄。

由于数据的限制，针对企业和事务所集聚经济效应的实证研究通常把制造业作为研究对象。而多数服务业因为“生产和消费同时性”的特点，商业地理范围狭窄，地区的经济密度对生产率和工资收入的影响比制造业大得多。前面提到的 Glaeser and Gottlieb（2009）指出，对服务业规模经济效应的分析非常有助于我们理解现代经济中城市所起的作用。近年来，以服务产业为对象的实证研究不断出现，其中也包括笔者所做的研究。

尽管研究的国家或行业不同，其结果有很大的差异，但总体来说，多数实证研究的结果都证明了一点，即服务业中的集聚经济效应大于制造业（Melo et al.，2009；Combes et al.，2012）。例如，有分析结果显示，英国服务业生产与城市密度的弹性值——城市化的经济效应高达制造业的3～4倍（Craham，2007，2009）。

笔者采用日本事务所的微观数据“特定服务产业实态调查”（经济产业省）所做的分析也表明，电影院、保龄球馆、健身俱乐部之类面向个人的服务业，其生产率（TFP）与人口密度的弹性值比制造业大得多，平均10个行业所在的市区町村人口密度翻倍的话，TFP就高出10%（森川，2014a）。这些服务性机构，规模越大生产率就越高，同时，人口密度越大的城市，机构的平均规模也越大，所以，这些效果的一部分是通过规模经济效应产生的。但是，大部分源于纯粹的人口密度而非规模经济效应。

笔者认为面向个人的服务业之所以存在显著的密度经济效应，是因为除地区内的知识技术外溢之类传统集聚经济效应的机制以外，还有源于“生产和消费同时性”的需求方所起的效果。

城乡人力资源质量

仅仅采用企业或事务所的数据对生产率所做的实证研究存在局限，不能充分弥补劳动者在质量上的差异。按理，拥有高学历以及高技术水平的劳动者越多生产率也越高，所以，这是一个很大的制约。例如，如果越是大城市拥有高学历的劳动者越多，那么，不考虑学历计算出的城市密度的经济效应就存在过高评价的问题。

而采用劳动者的工资收入对地区差和密度弹性值所做的计算则具有这样的优势，可以轻易修正学历工龄等劳动者特性。当然，工资收入并非仅仅由生产率来决定，劳动者和企业之间相对的交涉能力等生产率以外的诸多因素也不可忽略。正如我们在第 4 章谈到的那样，由于生产率和工资收入之间存在强烈的依存关系，对于把工资收入作为劳动者的生产率指标这一点很少存在异议。

下面概述一下日本的人力资源以及工资的地区差情况。从“就业结构基本调查”（2012 年）数据来看，各都道府县有业者（不包括在读的学生）的大学毕业率，东京都（22%）、神奈川县（19%）、千叶县（15%）、奈良县（14%）、京都府（14%）等东京圈和大阪圈各都道府县的比例都比全国平均值（11%）高。而秋田县（5%）、山形县（5%）、宫崎县（6%）等地方县的比例低。

当然，劳动者的技术水平仅仅靠最终学历是无法计算的。但分析结果告诉我们，地区间人力资源存在很大的差异。前一章节谈到商业服务业在技术水平的密集度（大学毕业率）和大城市圈的集中度上是吻合的。不过，该调查是基于家庭（居住地）的统计，并非基于工作地点的统计。所以，在跨都道府县上班人数多的地区，这个数据就不准确了。

“各都道府县产业生产率（R－JIP）数据库”（经济产业研究所）是为了比较各都道府县不同产业的生产率而建立的数据集，也可以对劳动者的质量进行比较。劳动者的素质是根据“全国人口普查”对工作地点按性别、学历、年龄分列的员工人数和工资水平数据得出的。也就是说，如果埼玉县或千叶县等地的居住者在东京都上班的话，那么，就作为东京都的数字计算。

基于这个数据得出的 2008 年各都道府县劳动者素质高低情况如表 5－3 所示。最高的东京都和最低的青森县之间差约 28%。不过，随着全国高学历化的发展，和 1970 年、1990 年相比，劳动力质量的地区差缩小了。

表 5－3 都道府县间的劳动力素质差异

都道府县	1970 年	1990 年	2008 年	都道府县	1970 年	1990 年	2008 年
东京	36.1%	26.6%	20.4%	青森	-4.7%	-5.9%	-7.1%
神奈川	16.9%	13.9%	11.0%	岩手	-5.3%	-6.7%	-5.5%
大阪	18.7%	15.7%	10.7%	秋田	-4.2%	-4.1%	-5.1%
广岛	8.7%	9.4%	8.0%	宫崎	-2.8%	-3.1%	-4.4%
京都	12.1%	10.3%	8.0%	山形	-2.8%	-3.4%	-3.4%

（注）根据“各都道府县产业生产率（R－JIP）数据库”（经济产业研究所）编制。与各都道府县的平均偏差用百分比换算显示。

笔者采用日本劳动者个人水平的工资数据“工资结构基本调查”（厚生劳动省）对市区町村人口密度的工资弹性值进行了计算分析，结果表明，在控制了性别、学历、工龄等个人特性之后，批发业（0.07）和零售业（0.06）的人口密度弹性值比制造业（0.05）高。打个比方来说，弹性值 0.07，就意味着如果人口密度翻倍的话，工资将上浮 5%。

而且，这是在考虑了劳动者质差（素质差异）之后得出的数字。采用事务所数据分析生产率，服务业依然显示出比制造业更高的密度弹性。正如我们在第 4 章所叙述的那样，鉴于生产率和工资之间的密切关系，这样的结果是理所当然的。

令人瞩目的知识密集型商业服务

商业服务业比个人服务业的地理集中度更高。采用日本企业的数据比较到客户企业（B2B 交易）的平均距离，相对于制造业的 104 km，服务业是 70 km，距离更近。前面谈到面对面接触的重要性，换句话说，即地理上邻近的人脉网络和信息的交换对生产率影响很大。如果是这样，可以认为商业服务领域密度对生产率影响很大。

服务业中“知识密集型商业服务”（konwledge-intensive business services：KIBS）的重要性受到世界各国的瞩目。它属于知识技能密集型产业，主要提供商业活动中的服务。虽然其外延尚无明确的规定，但一般包括软件和信息处理服务等与计算机相关的服务、研发相关服务以及法务、会计、广告之类的商业服务。这些服务业总的来说都是发达国家类型产业，劳动者教育水平高。不仅产业本身极具增长潜力，对需要此类服务的其他产业（含制造业）的运作效率也有很大影响。

森川（2015f）以知识信息密集型的商业服务业为对象，对地区的经济活动密度和生产率的关系进行了分析。具体采用的是“特定服务产业实际情况调查”的微观数据，以软件、信息服务、互联网、影像制作发行、语音信息技术、报刊、出版、数码技术、设计业、机械设计业、广告业、计量证明业、机械修理业、电动机械修理业等14个行业为对象，计算了市区町村的就业密度（就业人数/市区町村面积）和劳动生产率之间的关系。

之所以采用就业密度而不用人口密度，理由是人们认为商业服务业的问题，在于所在地区潜在客户企业和作为知识信息外溢源泉的员工的密度。

分析结果表明，这些商业服务业所在的市区町村的就业密度越高，事务所、企业的生产率便越高。也就是说，平均而言，如果城市就业密度翻倍，那里的事务所和企业的劳动生产率会高出几个百分点。

还有一点可以确认，那就是这些服务业中存在企业规模的经济效应，就业密度越高的城市，企业规模也越大。也就是说，这不仅可以给知识信息密集型的服务业带来直接效益——越是经济活动密度高的大城市其知识溢出等利润越大，而且，还可以通过规模经济的效应带来间接效益——生产率的提高。

不过，密度的经济效应因行业的不同存在相当大的差异。如影像制作发行业、出版业、设计业、广告业之类知识信息产出型的服务业，城市密度的经济效应差距较大，与此相对，机械设计、机械修理等服务业，城市密度带来的生产率差距较小。

上述结果表明，对于支撑未来经济发展的知识信息密集型服务业来说，城市经济活动的密度将发挥极其重要的作用。因此，在日本总人数持续减少的背景下，最理想的办法是维持城市经济集聚的“选择和集中”。然而，密度的经济效应因产业类型的不同而不同，这一事实告诉我们，亟待振兴的服务业，在东京和大阪等大城市与就业密度相对较低的中小城市之间存在差异。迄今为止我们叙述的是服务业自身的集聚经济效应。还有一个观点认为，优质多样的服务企业的存在，有可能给整个地区的收入和就业的增长带来良好的外部经济效应。因为商业服务对制造业以及需要此类服务的其他产业的经营也有影响。例如，优秀的律师事务所、会计师事务所以及经营顾问提供的优质服务极有可能提高客户企业的业绩。

海外多个实证研究的结果表明，地区商业服务的规模将影响地区整体的收入水准和其他产业的发展。例如，Hansen（1990）采用美国的城市数据，得出以下分析结果：商业服务（金融、房地产、法务服务、交通通信、会计、广告、商业营销、研发、数据处理等）对地区的经济增长具有促进作用。相关的实证研究是日本今后重要的课题之一。

公共服务供给效率

前面我们谈的是市场服务，其实公共服务存在同样的问题。因为越是人口稠密的地方，学校教育、警察、废物处理等地方自治体提供的公共服务越可能行之有效。而且，都道府县和市区町村这样的地方自治体的行政事务同样存在规模经济效应。

1999—2006 年市町村合并推进时期，人口 20 万以下的市町村被认为效率低下。针对这个“平成大合并”，Weese（2015）的研究结果表明，由于中央政府对市町村提供的奖励力度不够，大合并后市町村的实际数量约为最佳值的 2 倍。也就是说，大合并后多数自治体并未达到最佳规模。

虽然并未涉及市区町村自治体规模的经济效应，《国土交通白皮书（平成二十五年度版）》（国土交通省）就城市集中对居民人均行政支出的影响进行了推算，结果显示，越是 DID（人口集中地区）人口密度高的市区町村，居民的人均年度支出越少。这就意味着不仅仅是市场服务，行政服务也存在人口密度的经济效应。

所有这些都告诉我们：通过自治体的合并集约化来提高公共服务效率的空间如今依然很大。就像我们在第 1 章节看到的那样，在日本总人口不断减少的情况下，如果通过地方自治体无法解决人口大幅下降的问题，今后就需要出台更多的应对措施。这一点，和第 3 章节谈到的基础设施的完善维护情况也是密切相关的。

集聚经济的效应和地区差异

服务业的集聚经济效应可以提高大城市的优势，扩大地区间的经济差（Fujita and Tabuchi，1997）。因此，在制定振兴地方的政策时，必须基于经济服务化的趋势来考虑。关于这一点，Tokui et al. （2015） 利用“R－JIP 数据库”对都道府县间劳动生产率的差距及其影响因素进行了详细分析。

分析结果显示，生产率的地区差距，1970 年到 1990 年虽有缩小，但截至 2008 年，缩小已经停止。其主要原因在于集聚经济效应影响大的服务业（批发零售业、服务行业）的地区间 TFP 差距的扩大。

Fukao and Makino （2015） 还采用“R－JIP 数据库”以及“都道府县长期经济统计数据库”（R－LTES）对老龄化、人口迁移和生产率的关系进行了分析，认为目前老龄化程度高的县，原因在于几十年前年轻人口的流失。尽管老龄化越高其劳动生产率越低，可是，还不能完全确认是老龄化拉低了 TFP 水准。当然，不容否认，TFP 水准低的县工资收入低，造成年轻人口流失，最终导致老龄化。

研究还指出，人口向 TFP 高的地区流动这一现象本身是经济机制的自然表现，对日本经济的整体发展可以说是一件好事。同时，要实现持续性的地方振兴，必须提高各地区的生产率。因为人口集聚自身是决定服务业生产率高低的一个重要因素，所以，如何才能有效地实现地方振兴是一个非常严峻的课题。

必须拥有从地区外赚钱的对外产业

即便是在同一服务产业中，面向个人的服务行业基本上是针对各地区居民的服务生产活动，其自身并非是出售给其他地区挣钱的“对外产业”。就像我们在第 1 章节看到的那样，即便同样为服务业，也会因行业的不同在地理集中度上有很大的差异。例如，商业服务业的地理集中度极高，而医疗福利、教育、生活服务业则与人口分布成比例，无论在哪儿都有，地理集中度低。

如果制造业和农业之类的对外产业存在一定规模的话，那么，就会产生为该产业的员工及其家属提供服务的派生产业，形成地区内的经济循环。“一村一品”运动和工商业联盟可以说是为地区内创造对外产业、提高其附加值而采取的措施。

但是，如果不具备拥有内核的对外产业，单单依靠以面向个人的服务业为中心的派生产业，是很难在地区内实现自律性成长的。中村（2013）对此按基础产业（对外产业）和非基础产业（派生产业）区别开来，指出仅仅依靠把域内市场作为对象的非基础产业，地区经济无法成立。从域外市场获取金钱是地区经济可持续发展的必要条件。而且，派生服务业的需求密度经济效应扩大了因对外产业的有无和人口规模的差异带来的城市间生产力差异。

关于这一点，Moretti（2010）基于地区乘数（local multiplier）这一想法，分析了贸易财产业（制造业）给非贸易财产业（服务业）带来的效益。所谓地区乘数，即某地区因贸易财产业的存在而产生的就业机会，在考虑了工资及价格的变化这样的一般均衡机制之后的最终实现情况。

采用美国数据的计算结果显示，某城市贸易财产业（制造业）的就业增加 1 人，该城市的非贸易物资部门（建筑业、批发业、面向个人的服务业等）就要追加就业 1.6 人。这样的就业乘数效应在高新企业技术含量高的员工（大学毕业）中很大，贸易物质部门增加一个高水平的工作人员，地区的物资服务部门就要追加2.5个（非技术岗为1.0人）。

这是因为高技术员工工资收入高，所以对地区的需求创造效应也大。这个结果告诉我们，从地区外赚钱为本地区创造需求的产业，对本地区的经济循环和创造就业机会发挥着重要的作用。

从这一点来看，制造业无疑是具有从地区外赚钱的强大力量的产业，而服务业则因行业的不同存在很大的差异（我们在第6章将从全球增值链的角度对此再次进行论述）。被中间投入其他产业的服务业，即便其自身不是对外产业，仍然具有以间接对外的方式为该地区赚钱的巨大潜力。当然，优质商业服务的集聚左右着制造业的竞争力。不过，就像我们在第1章节看到的那样，信息服务、专业技术服务、金融保险等服务业向大城市的地理性集中很显著，经济密度低的地区很难在这些行业中具有比较优势。

作为对外产业的观光服务业

在这一点上，观光服务业具有强烈的可交易服务的特性，非常有潜力作为对外产业为本地区经济做出贡献（关于观光贸易我们在第6章还会谈到）。住宿、餐饮这些服务业，虽然其自身不能免于“生产和消费的同时性”的制约，但是，顾客自身可以通过地区外的来访创造需求。最近，受2012年以后日元贬值等因素的影响，外国观光游客大幅增加，酒店、旅馆的客房利用率也大幅上涨。不单单是外国旅客，来自该地区以外的日本游客也为该地区观光旅游服务的对外扩展做出了重大贡献。根据“观光立国舆论调查”（内阁府，2015年）结果，访日外国旅客增多的人数比率高达93%，不仅仅是大城市（东京都23区以及政府指定的城市），中等城市（人口10万以上的城市）、小城市（人口不到10万的城市）以及町村对此增幅的认知度都超过了90%。

而且，对于访日外国人增加带来的影响，不管城市规模大小，多数人都持积极乐观的态度，认为“观光扩大了消费、给日本经济带来了活力”的占65%，认为“城市热闹起来，给地区经济带来了活力”的占50%。也有少数人持消极反对的态度，“对治安开始感到不安”的占30%，认为“由于礼仪与文化的差异和外国游客的摩擦增加”的占26%。

除观光旅游以外，还有各种各样高度具备对外可能性的服务业，如果能把这些服务业引入地区内，也有可能从地区外赚到钱。关于这一点，从“国际收支统计”（财务省）的日本服务出口额的明细来看，比起“旅行”，“运输”“知识产权等的使用费”“其他业务服务”（研发服务、专业管理咨询等）的金额大得多（见第6章表6-2）。

只是，这个数字仅限于该统计能掌握的国际交易服务。为了观察包括国内的对外情况，根据全国9个区域（北海道、东北、关东、中部、近畿、中国、四国、九州、冲绳）的“地区产业关联表”（2005年，80个部门表），计算了地区各产业（活动）的对外出口依存度。

结果如表5-4所示。表中的列（1）是用对外出口的总额除以地区内的生产额得出的数字，表示地区内生产转向地区外的百分比。这个数字显示出跨地区交易的可能性有多大。准确地说，由于同一产业内部存在双向进出口以及内外转移，而且地区区域单位的数字中不包括都道府县之间的交易，所以，实际的地区间交易应该比表上显示的多。必须把它作为包括国内地区间交易的贸易可能性的一个指标来看。

很明显，和制造业相比，服务业的贸易可能性低。域内生产对域外需求的依存度，制造业是56%，而服务业还不到20%。不过，即便是服务业，也会因行业的不同而有很大的差别。商业运输、信息服务、互联网、数码技术、广告等在该地区以外的交易中占有相当大的份额。也就是说，这些服务行业的可贸易性较大。因此，如果能在本地区内拥有这些服务行业，就有可能作为对外出口产业给地方经济带来良性循环。

但是，除去商业运输的话，对外出口总额中，关东地区（或许主要是东京都）的比例占绝大多数。例如，信息服务占93%、互联网占83%、数码技术占71%、广告占74%。即便从服务业整体来看，从关东地区向其他地区和国家的对外出口也占45%（见表5-4列（2））。

表5-4　地区商品服务和地区外交易的依存度

行业	(1)(出口+对外)/地区内生产额	(2)对外出口中关东地区所占的比例
农林水产	31.7%	14.3%
制造	56.0%	30.4%
建筑	0.2%	55.6%
电力、燃气、供热、供水	8.6%	15.0%
服务业	19.7%	45.0%
商业	47.4%	36.5%
金融保险	3.1%	69.6%
房地产	2.7%	69.7%
运输	42.8%	34.5%
通信	7.0%	68.5%
广播	0.0%	52.8%
信息服务	34.8%	93.4%
互联网	21.9%	83.0%
数码技术	29.9%	71.1%
公务	0.0%	0.0%
教育研究	8.9%	58.9%
医疗保健、社会保障、护理	0.5%	13.9%
广告	30.0%	74.1%
物品租赁服务	15.8%	76.0%
其他商业服务	5.9%	68.9%
个人服务	11.8%	36.8%
其他	0.9%	44.6%
所有行业	30.4%	35.1%

(注)根据全国9个区域的“地区产业关联表”(各经济产业局、2005年、80个部门表)编制。所有行业的数字是不包括住房租金(应占租金)的内生部门总数。服务产业的数字不包括第三产业中的电力、燃气、供热、供水和其他产业。

正如我们在第 1 部分看到的那样，这些技术密集度高的商业服务业，由于企业及其总部都集中在以东京为首的大城市，所以，经济活动密度低的区域很难成为这些服务业的生产基地。也就是说，除了原本具有贸易材料产业特性的农林水产业、制造业，对于经济密度低的地区来说，观光产业是为数极少的能够从区域外部获取收益的经济领域。当然，大前提是拥有自然环境、历史遗产这些富有魅力的观光资源，希望拥有这类资源的地区充分利用这一优势。

根据前面提到的“观光立国舆论调查”，关于为增加访日外国旅客数量必须实施的政策，无论城市规模大小，排在前三位的都是以下三项：“在机场、车站、观光地、住宿设施等地加强外语指示和接待工作”（52%）、“进一步在海外宣传日本魅力”（46%）、“完善针对外国人的住宿设施”（36%）。虽然有些课题需要全国上下齐心协力才能解决，但是，也有不少通过各地区自身的努力可以解决的课题。

3. 防止人口减少的政策制定

空间“选择和集中”的必要性

最近的课题是如何从地方振兴的角度来纠正东京的人口过度集中。但是，让涌入东京的人口向地方回流、振兴地区的构想，从日本整体的经济运转这一观点来看很难说是妥当的。不仅是日本的总人口，以东京为首的大城市的人口也在减少，在这样的背景下，必须从如何维持人口密度这一“选择与集中”的角度来灵活采取对策。因为如果经济活动的密度平均摊薄的话，那将会因为集聚经济效应的弱化而导致生产率的下降。

在各个城市层面形成紧凑型城市是行之有效的解决办法。“紧凑城市”原本属于城市学领域的一个概念，始于 20 世纪 70 年代，目标是追求一种高密度、近距离的城市形态。通过公共交通系统在城市内部建立连接，为地区服务和工作提供方便（OECD，2012）。许多先进国家都把这一理念融入城市政策中。日本的富山市在 2006 年引入了轻轨（light rail transit:

LRT），这是一个代表性的范例。香川县高松市的丸龟町商店街作为工作生活紧邻型城市区域重建的成功范例闻名遐迩。

2014年出台了《城市重建特别措施法修正案》，其目的是为了推进紧凑型城市的形成，可以说是一个进步。新内阁会议通过了2015—2025年十年规划——《国土形成计划（全国计划）》（2015年），提出应对人口减少的关键词是“紧凑＋网络”，指出“必须通过行政、医疗・护理・福利、商业、金融、燃料供应等在一定地区的紧凑式密集化来实现这些生活必要的各种服务的有效供给”。

同时制定的还有《国土利用计划（全国计划）》，文中谈到“在使城市功能和住宅向城市中心部以及生活据点等集中的同时，还要促使扩展到郊区的市区向密集化方向发展”，“大城市要从提高国际竞争力的视点，通过大街区化等措施来提高土地的有效利用和高度利用，把必要的商业功能集中在一起”。在日本总人口增加的时代，政策课题是如何有序地扩大城市化区域。可是，在总人口减少的未来，如何有计划地缩小市区就成了必须解决的课题。最近谋求城市紧凑化的想法可谓符合时宜。只是，国土和城市的结构改造需要时间，必须尽早推进行之有效的具体政策。

另外，《国土形成计划》还指出“从地方迁移到东京圈的外来人员滞留东京造成的‘东京一地极端滞留’的情况必须予以消除纠正”，并且，“东京是世界上屈指可数的国际城市，也是我国经济发展的引擎，在全球化的进展中，必须有效利用ICT（信息与通信技术）等打造舒适且充满魅力的商住空间，和其他城市一起提高国际竞争能力，在形成‘展翅国际的国土’方面发挥重要的作用”。根据以上叙述可以看出无论东京还是地方都很重要，与此同时，也让人对东京的定位感到模棱两可。

日本的人口迁移率长期处于下降的趋势。根据“居民基本登记人口流动报告”的数据可以看出，人口迁移率（日本人）1970年到达顶峰为8.0%，之后便持续下降，2015年低至4.0%（见表5-5）。同一时期都道府县间的人口迁移率从4.1%跌至1.9%。这个数字比美国以及北欧诸国低得多，说明日本人口在地理上的新陈代谢能力非常弱。伴随老龄少子化的长子比率的上升等人口动态因素，很可能是造成这种情况的主要原因。除此之外，住宅土地制度的高成本等诸多因素也不容忽视。

这个人口迁移的数字是总的迁出（也即迁入）数字。例如，A 县和 B 县如果双向各有 1 万人迁出迁入的话，那么，总计就是 2 万人。但是，使基底（stock base）的人口分布发生变化的是纯粹的迁入（迁出）超额数。用都道府县水平的迁出迁入数据来计算这个值的话，20 世纪 60 年代纯粹/净迁入超额数合计 60 万人，可是，最近下降到了 10 万人左右，都道府县之间的人口转移比总人口迁移率显示的低得多（见表 5 -5 列（3））。

表 5 -5　人口流动数量、流动率的推移

	(1)		(2)		(3)	
	人口流动数量（万人）	(%)	都道府县间的流动（万人）	(%)	都道府县间的净流动人数（万人）	(%)
1960	565. 3	6. 09	268. 0	2. 89	60. 9	0. 66
1970	827. 3	8. 02	423. 5	4. 11	57. 1	0. 55
1980	706. 7	6. 07	335. 6	2. 88	22. 6	0. 19
1990	651. 9	5. 31	316. 8	2. 58	22. 9	0. 19
2000	614. 7	4. 89	281. 3	2. 24	10. 4	0. 08
2010	508. 5	4. 02	233. 2	1. 85	9. 9	0. 08
2015	504. 1	4. 02	233. 5	1. 86	13. 4	0. 11

（注）根据“居民基本登记人口流动报告”以及“人口推算”（总务统计局）编制。都道府县间的净流动人数，是迁入超额数为正的都道府县迁入超额数值的总和。

高度发展时期多是从农村到城市的单向迁移，在都道府县之间产生了较大的人口再分配。之后，截至 20 世纪 90 年代，都道府县之间依然有 20 万人左右的净流动，但是，一旦进入“失去的 20 年”之后，一年间减至 10 万人左右，直到现在。不仅是企业的新陈代谢，地理上的新陈代谢机制在近年也变得很弱。

从日本经济的整体来看，理想的制度或政策是——引导人口向包括东京在内的核心城市集中，或是尽可能除去妨碍地理迁移的障碍，这就是所谓的促进空间新陈代谢。在如何提高具有城市型产业性质的服务业的生产率方面，放宽对大城市土地利用的限制、降低地理移动障碍（房地产重置所得税收制度的扩充等）、包含继承税的税收合理化（特别减少固定资产税、城市规划税中的住宅用地税收、特别审定有关小规模住宅遗产税的税收计算等）、房地产流通商业的整顿等，都是亟需解决的政策课题。除此之外，后面要讲述的城市中心部的基础设施建设整顿、老化基础设施修复中的“选择和集中”也很重要。

促进地理迁移、 消除障碍

海外多个研究实证表明，严格的土地利用限制对零售业的生产率具有负面影响（Haskel and Sadun，2012；Cheshire et al.，2014）。而且，Wrenn and Irwin（2015）指出，美国土地开发的相关限制，在计划得到承认为止需要很长时间，对于开发的实施概率有着负面影响。对限制多的城市中心部影响很大，导致土地开发向限制宽松的郊外发展。即使在日本，也有一项实证研究结果表明，基于前《大店法》的地点限制给零售业的生产率带来了负面影响（Sunada，2010）。这些研究结果都告诉我们，有关土地利用的限制，抑制了城市中心部的开发，对集聚经济效应大的服务产业带来了消极影响。

因为在企业、事务所以及劳动力大范围流动时必须节省成本，所以，政策上要促使流动顺利进行。近年来关于劳动力商业体制改革的争论，都在强调向发展中的产业顺利转移劳动力的必要性，但它给人的印象是，地域就业转移的视角不够。Moretti（2012）对此提出了引入许可（voucher）制度的提案，以实现劳动力在地理上的顺利转移。具体来言，就是把地区间的流动就业作为失业保险制度的一部分给予补偿的政策。

在日本已经实施的就业保险制度中，为促进就业给予的费用包括迁移费和跨区域求职活动费。目的是为通过职业介绍所就职的移居以及远程求职活动提供费用资助。考虑到居住地选择相关的巨大成本，改善这种制度有助于促进就业者的地理性流动。例如，Hofmann（2015）对德国加强因求职活动范围扩大给予的失业救济金补偿管理进行了分析，结果表明，这在一定程度上提升了就业概率。

在日本，随着人口减少、老龄化的加速，促进老年人向地方城市迁移的问题已经提上了议事日程（日本创成会议《东京圈老龄化危机规避战略》，2015 年）。对于让退休老人移居地方的政策，也有人尖锐地指出："这不是现代的《弃母山》吗？"尽管如此，笔者认为在工资收入高的大城市工作挣钱，退休以后移居物价水平（生活费）低的地方，在有效利用储蓄这件事情上是经济合理的。对于妨碍自愿移居的制度应该消除或至少中立化。顺便说一句，美国有些地方城市积极吸引老人来居住，老人们倾向于移居医疗条件好的地方城市（Dorfman and Mandich，2016）。

关于这一点，有人认为社会保障制度是阻碍地理性流动的主要因素。八田（2015）指出，退休老人不向地方移居的一个原因在于地方自治体的社会保障负担问题。因为接受没有纳税能力的老人意味着地方得承担相应的护理保险和国民健康保险。所以，建议国家对老人的地区间迁移给予中立的财政调整。增田（2015）也指出了这个问题并且认为应该在自治体间进行财政调整。

根据"国土形成计划推进相关舆论调查"（2015 年），关于年老以后的居住地，回答继续留在现住地的占大多数，只有 19% 的人回答说愿意移居别的地区。而 60 岁年龄段的只有 10%，70 岁以上更少，不超过 6%。从城市规模来看，大城市的居民，其中有 25% 的人表示老后有移居的意向，比小城市（16%）和町村（16%）稍微多一点。关于移居地，超过一半的人（55%）选择地方城市，大大超过选择乡村渔村（20%）以及大城市（14%）人数。实际上，老年人自愿移民不太可能大量增加，但在减少移民的体制障碍方面具有一定的意义。

而且，就像我们在第 4 章看到的那样，有实证研究结果表明，欧美国家医疗保险制度中，全国统一的医疗费和教师工资体系导致大城市的医疗和教育服务质量低下。日本的医疗费、护理费等也存在同样潜在的问题。也就是说，大多数现行制度有着抑制这些服务在大城市的供给的倾向。

此外，Albouy（2009）指出所得税制度对经济活动的地理分布有扭曲效应。分析结果显示，由于以名义工资作为税收标准的所得税收制度，是没有考虑到城市之间生活成本的差异的累进税收制度和统一费率扣除制度，所以，人口分布从名义工资以及生活费高的大城市向地方小城市迁移。通过对该地区的生活费用提供部分税收减免，可以减少人口地理分布的低效率。虽然实际的制度设计在技术上并不简单，但包括日本在内的大多数国家都可以进行类似的讨论。

在日本，作为地方振兴政策的一环，引入了“促进地方企业基础强化的税收措施”（2015 年度）。这个税收系统旨在支持在东京、名古屋中心区域和大阪中心区域以外的地区加强总部管理职能，包括对就业增长的减税和办公购置的减税等，特别是为从东京的 23 区向三大城市圈以外的地方迁移提供更大的支持。因为企业布局也有成本，虽然对地理移动实行一定的资助很正常，但是，从提高日本服务业的生产率这个角度来看，包括向大城市的迁移，采取中立制度更为合理。

重视基础设施的发展和更新

交通基础设施等社会资源对经济活动的地理分布影响很大。在日本经济高增长时期推动的基础设施很多已经迎来更新期，对老化基础设施的改造成为一个重要课题。从长远来看，必须针对未来的人口下降和经济服务化采取相应对策。

东日本大地震（2011 年）使防灾基础设施的发展作为高度优先的政策课题浮出水面。在中央高速公路的笹子隧道天花板掉落事件（2012 年）之后，日本社会对基础设施老化的关注显著提高。有鉴于此，《国土交通白皮书（平成二十五年度版）》对社会基础设施的老化情况进行了全面清理整顿。根据白皮书调查数据，截至 2013 年，超过 50 年以上的基础设施，路桥达 18%，隧道达 20%，河川管理设施（水闸等）达 25%。据推算，20

年后以上数据将分别攀升至 67% 、50% 、64% 。从整个基础设施加权平均值的年份来看，老化正从 1999 年的 14 年迅速发展到 2009 年的 19 年。

在这种情况下，根据《日本复兴战略》，2013 年设置了“关于推进基础设施老化对策的相关省厅联络委员会”，同时，制定了《基础设施长寿基本计划》的政策方向和路线图。该计划针对全球性的城市间竞争、人口下降、出生率下降和人口老龄化等社会结构的变化以及新的需求，指出“在考虑老龄化措施时，要再次论证时下各类设施的作用和功能，以此重新审视设施的必要性”。

如果把基础设施维护和更新的高成本以及日本政府债务处于几个主要国家中最糟糕的情况考虑进去，城市紧凑化以及引导人口向核心城市转移这样的地理性转移的“选择和集中”至关重要。正如前面所述，在“失去的 20 年”间，都道府县之间的劳动生产率差距不再缩小，在集聚经济效应显著的服务产业，地区间的 TFP 差距扩大了（Tokui et al. , 2015）。

以美国为对象的研究显示，城市间劳动生产率差距的扩大大大拉低了美国整体的 GDP，损失中很大一部分是因为在纽约、旧金山等生产率高的城市，住房供应制约不断增大（Hsieh and Moretti, 2015）。该研究还推算出，通过缓解大城市的住房供应实现劳动力的空间再分配，可以起到提高美国整体 GDP 10% 的积极作用。

同时，该研究还提出，要缓解住房供应限制导致的负面外部效应，应采取以下具体措施：联邦政府限制地方政府的土地利用规定，要促进生产率和工资水平不同的城市之间的公共交通发展。并且指出，虽然东京的工资水平比日本全国的平均水平高，可是，如果没有城市间的交通设施恐怕会更高，因此，交通网络提高了日本的 GDP。

很早就有人指出这一点——基础设施具有提高产业和企业生产率的“生产力效应”，以日本的社会资源为研究对象的实证研究不在少数。而且，许多研究结果表明，社会资源对生产率的影响，大城市则大，小地方则小（本间・田中，2004；八田・加藤，2007）。一项分析地区产业结构和各种基础设施生产率效应的研究表明，在以服务产业为中心的机构居多、拥堵使运输效率下降的都道府县，改善交通基础设施有助于提高生产率（Miyara and Fukushige，2008）。另外，Blonigen and Cristea（2015）的研究结果显示，在美国，航空基础设施对地区的就业和GDP有着极大的积极影响力，对零售业和服务业更是影响巨大。

宫川（2013）采用“R－JIP数据库”对社会资源的生产力效应进行了推算，结果显示，20世纪90年代中期社会资源投资受到限制以来，这反而对产业生产率的提高起了积极的作用。但是，社会资源的回报率在地区间存在较大的偏差，千叶、东京、神奈川、爱知、大阪等大城市的社会资源回报率高。由于社会资源的积累在大城市以外的地区取得了显著进展，因此可以理解为回报率不均衡。由此得出以下结论，社会资源对服务业的影响大于制造业，为生产率的提高做出了巨大贡献。

这些研究结果给了我们这样的启示：在人口减少和经济服务化并行的情况下，必须重点整顿大城市（包含东京）的交通基础设施。这一点也和集聚的不经济性之一的通勤时间问题密切相关。

对城市化和出生率之间关系的误解

对于提高服务产业的生产率，最理想的是向人口稠密的大城市的经济集聚。但是，特别是东京圈，我们必须关注人口集中带来的负面影响。其中之一就是通勤时间长，对女性就业和出生率带来的影响。正如我们在第4章论述的那样，通勤时间长使处于育儿期的女性很难同时兼顾工作和育儿，妨碍她们正常就业。

许多研究表明，为了阻止日本人口的进一步减少，应该重点关注地方的高出生率和大城市的低出生率，把人口向地方分散。例如，《“选择未来委员会”报告书》（内阁府）强调说，为了让人口规模在50年后保持1亿左右，必须避免人口在东京一地的极端集中，以振兴地方经济。

这种观点的主要依据在于横断面分析观察到的城市规模和出生率之间的负相关关系。的确，根据1960年到2010年每5年的都道府县的固定样本数据，如果对各都道府县的合计特殊出生率（TFR）采用人口密度和年度所表现的横断面分析来推算的话，就会观察到这样的关系——人口密度越高其出生率越低。不过，各都道府县出生率的不同，或许是受价值观和文化传统等形形色色的地区特性的影响。

通过补充各都道府县固有的主要因素进行推算（固定效果推算），结果和通过横断面分析观察到的一样，依然是人口密度和出生率呈负相关，即某地的人口密度越大其出生率越低。在出生率严重下降的 1990 年之后采用同样的计算方法后发现，横截面仍然存在显著的负相关关系，可是，把各都道府县固有的影响因素考虑进去计算，数据出现逆转变成正的符号，即某地的人口密度越大（越小）TFR 也越高（越低）。

笔者完全无意从这样简单的分析就得出人口越向大城市集中出生率就越低之类的结论。产业结构、个体经营比例、三世同堂或紧邻的程度这些在时间上有所变化的因素可能对相互的关系有影响，也不能排除因人们的地理性移动带来的选择偏差。所以，笔者认为单纯基于采用横截面得出的相互关系就做出重大的政策判断是不妥当的。

其实，仔细观察各都道府县不同年度的 TFR 数据就会发现，不管是哪个都道府县，从 2005 年开始，长期时间序列 TFR 下降占主导地位。假设 2010 年都道府县的人口构成（占有率）和 TFR 超过 2 的 1970 年（TFR2.13）相同的话，2010 年的 TFR 将为 1.40，和实际值（1.39）几乎相同。即都道府县间的人口结构变化的 TFR 下降贡献度仅为 0.01（贡献率约 2%）。也就是说，要想采取有效的政策来恢复出生率，必须找出各地区间共通的时间性变化因素，以此为目标来制定政策。

关于出生率的决定因素，国内外在理论和实证上都做了许多相关研究。如果我们根据代表性的调查报告来看城市化等区域因素的影响，就会得出人口密度和住宅价格、出生率的时序性变化以及国家的差异没有关系（Feyrer et al.，2008）。也有研究认为伴随城市化的住宅价格的变化将影响出生率（Guinnane，2011）。很遗憾，目前还很难说哪个是不容置疑的事实。

如上所述，很难确定人口集聚是否对出生率带来因果关系上的负面影响。但是，如果假设两者之间存在这样的因果关系，那么，集聚的经济性在提高服务产业的生产率和出生率的增长之间将需要权衡。这种情况下，关于女性的就业，就像我们在第 4 章论述的一样，针对不同的政策目标，采取灵活多样的政策手段是基于政策制定原则最基本的对策。也就是说，在通过人口集聚提高经济效应的同时，对于恢复出生率这一目标，要把重点放在人口集中的地方，针对性地制定对出生率直接有效的公共政策（完善保育院、充实公共教育等），而不是采用地方分散这种间接手段。只有这样才是妥当的政策组合。

并且，要平衡女性就业和提高出生率，上班地点紧邻住所是最有效的解决办法。为此，最理想的对策是提高大城市的土地利用度、增加住宅供应。虽说“东京一地极端集中”是现实，可是，从中长期来看，在日本整体人口减少的趋势下东京的人口势必也会减少（到 2040 年，将比 2010 年减少 6.5%），从东京圈这个大范围来看，预计将减少 9.3%。

通过提高容积率等方式可以提高土地的有效利用，公寓等居住空间还有相当大的提升余地，帮助年轻人兼顾工作和育儿，实现工作和居住紧邻的可能性很大。与此相关的房地产的资产税极有可能成为让现有居民留在当地的奖励机制。这不仅在保证人口进行地理上的顺利移动方面可供商讨，在如何提高出生率方面也是一个值得研究的课题。

第6章　国际化服务产业

本章将概述服务贸易、服务领域的直接投资以及在全球增值链（GVC）中服务所起的作用，也将讨论服务业国际化和生产率之间的关系以及对国内就业的影响。

虽然人们对服务贸易的关注程度低于商品贸易，但服务领域的国际化却发展迅猛，服务企业通过服务出口和对外直接投资不断进行海外扩张。除此之外，通过 GVC 来实现的间接服务贸易也在不断增加。发达国家拥有良好的商业服务部门，在获得大部分附加值的意义上已经界定了国际竞争力。在国际化方面，服务产业的对内直接扩大投资以及外国高技术人才的有效使用成为一个主要的研究课题。

1. 服务贸易的扩大

越来越重要的服务贸易

首先，我们来看看服务贸易的长期发展趋势。根据世界贸易组织（WTO）的数据，从 1980 年到 2014 年，全球服务出口每年增长 7.9%，超过商品出口增长（每年 6.8%）。因此，服务出口总额与出口总额之比从 1980 年的 18% 上升至 2014 年的 26%。

导致经济活动全球化的根本原因在于广义的国际交易成本的降低，其中包括运输成本、信息转移成本、人员流动成本、关税和非关税壁垒等制度以及政策上的壁垒。虽然商品贸易扩张的基本背景是运输成本的下降，但就服务贸易而言，互联网等信息技术的普及消除了距离障碍，是其中一个因素（Freund and Weinhold，2002）。

日本是世界第四大商品出口国，但在服务出口方面排名第七（均为2014年的排名），服务贸易的存在率相对较低。从服务出口额占GDP的百分比也可以看出，日本是3.4%，而英国是11.5%、法国是9.4%、德国是6.9%，比欧洲诸国和美国（3.9%）都低（见表6-1）。另一方面，从物资出口额的GDP比来看，日本（14.9%）低于欧盟内部贸易高的欧洲诸国，但是高于美国（9.3%），表明日本的服务出口水平相对较低。

表6-1 主要国家的服务贸易

	日本	美国	英国	德国	法国	意大利	中国
服务出口 （对GDP）	158.1 3.4%	687.6 3.9%	337.2 11.5%	266.2 6.9%	267.1 9.4%	115.9 5.4%	232.5 2.2%
物资出口 （对GDP）	683.8 14.9%	1 620.5 9.3%	505.8 17.2%	1 507.6 39.1%	582.6 20.6%	528.7 24.7%	2 342.3 22.6%
服务进口 （对GDP）	189.9 4.1%	451.7 2.6%	196.9 6.7%	326.4 8.5%	247.9 8.8%	113.2 5.3%	381.6 3.7%
物资进口 （对GDP）	822.3 17.9%	2 412.5 13.9%	684.0 23.2%	1 215.7 31.6%	677.7 24.0%	471.8 22.0%	1 959.4 18.9%

（注）根据由世界贸易组织（WTO）统计数据编制。2014年数据，进出口总额达10亿美元。

另一方面，从增长率来看，从1980年到2014年，日本服务出口的年增长率为6.5%，超过了商品出口（年率5.0%）。但必须注意的是，虽然《服务贸易总协定》（GATS）关于服务贸易的定义包括：①跨境贸易，②国外消费，③据点的设置，④自然人的流动四种模式（GATS第1条），但是，WTO统计依据的国际收支统计中的服务贸易是以居住地为基础来定义的，未必包括以上四种模式（特别是③）。

尽管这种服务贸易越来越重要，但正如关于服务贸易的综合调查报告（Francois and Hoekman，2010）所指出的那样，由于数据的限制，以服务贸易为对象的实证研究远远落后于商品贸易。问题在于以下几个方面：关于服务生产和价格的国际可比数据不足，双边服务贸易和投资流动数据缺乏可用性，外国跨国公司和员工流动的服务销售数据很少，企业层面的服务交易数据最终只能被少数国家利用。

日本一直被视为"制造业大国"，或许因为这个缘故，服务贸易平衡和商品与服务的平衡未能像贸易平衡般受到关注。尽管如此，这些年来服务贸易的重要性不断提高。虽然服务产业的国际竞争力不如制造业，但并非都是不可交易的商品，像金融、运输、通信、商业服务的贸易可能性就很高。

2012年下半年开始，日元不断贬值，商品出口增长不佳，而服务出口却稳步增长。根据"国民经济计算"（内阁府）不同形态的出口（实际值），假设2011年商品出口额为100，那么，虽然2015年徘徊在107，但服务出口额却高达149。就进口而言，商品进口额为113，服务进口额为134，虽然不及出口，但服务贸易的增长幅度依然更大。

从"国际收支统计"（财务省）来看，贸易顺差的平衡一直在萎缩，特别是东日本大地震后核电站停运，原油和天然气进口大幅增加，从2011年截至2014年，赤字幅度不断扩大。相比之下，服务贸易平衡的赤字显示出缩小的趋势。

根据相同的统计数据，从日本服务出口额的明细（见表6－2（1）列）来看，"出口""知识产权等使用费""其他业务服务"（研发服务、专业经营咨询等）分别占服务出口总额的20%以上，接着是"旅游"（16%）、"建筑"（7%）、"金融服务"（6%）。在服务进口额中，"其他业务服务"（34%）占比最大，"输送"（23%）次之（见同表（2）列）。

表6-2 日本服务进出口及其构成

		(1) 出口(收据)		(2) 进口(支付)	
		亿日元	成分比率/占比	亿日元	成分比率/占比
运输		42 966	21.8%	49 598	23.3%
旅行		30 837	15.7%	19 621	9.2%
其他服务		123 031	62.5%	143 245	67.4%
其他服务明细	委托加工服务	283	0.1%	5 426	2.6%
	维修服务	816	0.4%	4 158	2.0%
	建筑	12 800	6.5%	9 865	4.6%
	保险和养老金服务	1 913	1.0%	5 743	2.7%
	金融服务	12 422	6.3%	7 318	3.4%
	知识产权等费用	44 157	22.4%	20 122	9.5%
	通信、计算机和信息服务	3 896	2.0%	13 610	6.4%
	其他商业服务	40 726	20.7%	73 076	34.4%
	个人、文化和娱乐服务	787	0.4%	1 548	0.7%
	公共服务等	5 231	2.7%	2 374	1.1%
服务贸易(总计)		196 833		212 462	

(注)根据“国际收支统计”(财政部和日本银行,2015年)制成。

通过外国游客出口服务

服务出口中,访日外国游客及其在日本国内的消费显著增加,最近引起了大家的关注。根据日本政府观光局(JNTO)的“访日外国游客数统计”,2015年外国游客人数为1 974万人,自2011年以来,年均增长率高达33%。与此同时,外国游客在日本的消费支出也急速增长。据“访日外国人消费动向调查”(观光厅)数据显示,2015年约3.5万亿日元。日本的旅游收支由于日本人的海外旅游长期处于赤字的状态,不过,据“国际收支统计”数据显示,2014年度的旅行收支自1959年起时隔55年再次出现盈余。

在这种情况下，外国游客的增长是政府经济增长战略的支柱之一。《日本复兴战略》希望访日外国游客人数达2 000万人，2030年的目标是超过3 000万人。2015年出版的《观光立国2015行动计划》更是把外国游客的年消费额目标定为4万亿日元。访日外国游客消费额的三成是住宿费，住宿业之类的服务产业也因外国游客的激增受益匪浅。

但是，David Atkinson（2015）指出，目前全球旅游人数飙升，日本尽管拥有丰富的观光资源，但和主要国家相比外国游客依然偏少，政府的目标过小，2030年的目标应该定为8 200万人。这种情况下，政府决定大幅度提高目标数值。观光服务出口的未来有可能对日本的整个经济产生很大的影响。

服务贸易自由化的意义

由于服务业具有“生产和消费同时性”这一特性，和运输成本大大降低的商品相比，在物理距离上依然存在很大的障碍。而且，尽管针对商品贸易屡次降低关税，减少非关税壁垒，但服务业多为公共监管对象，法规和标准又因国别而异，所以，其边界壁垒仍然很高。

例如，采用多国数据重力模型进行推算的研究表明，远距离贸易的负面影响，服务贸易大于商品贸易（Van der Marel and Sheghерd, 2013）。有研究指出，较之商品贸易，语言的不同更易成为服务贸易的壁垒（Anderson et al., 2015）。并且，从贸易费用方面对主要国家的服务贸易相关成本进行推算的研究表明，服务贸易的成本相当于商品贸易成本的2倍左右（Miroudot et al., 2013）。

反过来说，服务贸易自由化的经济效应，与贸易壁垒已经相当低的商品贸易的追加自由化相比，可能性大得多。事实上，采用重力模型和可计量的一般均衡（CGE）模型进行的实证研究表明，服务贸易的自由化有可能比商品贸易的自由化拥有更大的经济效应（Francois and Hoekman, 2010）。例如，Mattoo（2006）推算出实行通信、金融服务完全自由化的国家的经济增长率最多可提高1.5个百分点。

如前所述，日本很少从GDP比来看服务贸易，虽然不能否认因地理位置和语言不同所受到的极大影响，但反过来看，和商品贸易相比，服务贸易的增长空间更大，通过扩大《区域全面经济伙伴关系协议》等来促进服务贸易的自由化和便利化具有重要意义。

特别是TPP协议，不仅包括消除和降低商品关税，还包括改善投资和服务市场准入，为包括金融和电信等服务领域的各国制定共同规则。这个协议生效之际，极有可能给日本带来服务贸易的扩大。

企业层面的服务出口

即使是海外，采用企业层面的数据所进行的服务贸易实证研究依然很少。笔者采用日本企业的大规模面板数据对日本企业的服务贸易进行了实证分析（森川，2015c）。具体采用“企业活动基本调查”（经济产业省）2009年以后的数据，对实施服务贸易的企业的实际情况及其特性进行了分析。

该调查虽然只对2008年之前的商品进出口进行了调查，但是，对2009年之后各企业的服务进出口额也进行了追加调查，包括“商品以外服务的国际交易”“从海外收到的金额”（即服务出口）和“向海外支付的金额”（即服务进口的总额），以及作为补充数值来计算的关联公司的交易额。“商品以外的服务”为“运输、通信、建筑、保险、金融、信息、软件、文化、演出等各种服务以及专利权和使用费等”，“仅填写损益表中记录的国际交易”，换句话说，它大致对应于“国际收支统计”的服务贸易概念。

每年约有3万家抽样企业，其中有商品出口的约21%，有服务出口的约6%，相比之下，有服务出口的企业要少得多（见表6－3）。服务出口的企业中近七成也在进行商品出口。只进行服务出口的“纯服务出口企业”非常少，不到整个样本的2%。从多年的情况来看，商品出口企业的比例持平，而服务出口企业、纯服务出口企业的比例则有所上升。

表 6－3　商品/服务出口企业数量的变化

	(1) 商品出口企业		(2) 服务出口企业		(3) 纯服务出口企业	
2009	6 169	21.2%	1 551	5.3%	460	1.6%
2010	6 404	21.7%	1 751	5.9%	536	1.8%
2011	6 503	21.2%	1 870	6.1%	617	2.0%
2012	6 632	21.7%	1 907	6.2%	627	2.1%
2013	6 638	22.0%	1 965	6.5%	626	2.1%
总计	32 346	21.5%	9 044	6.0%	2 866	1.9%

（注）根据“企业活动基本调查”（经济产业省）2009—2013 年的数据计算。“纯服务出口公司”是指不出口商品而只出口服务的公司。% 是每年样本公司总数的百分比。

虽然没有在此表中显示，但从不同行业的情况来看，令人惊讶的是，在归类为制造业的企业中，出口服务企业比例（8.6%）高于服务业（4.1%）。原因在于许多制造企业在出口商品时附带提供运输、通信、建设、修理等服务或获取专利权使用费等。

英国同样如此，在提供服务进出口的企业中，制造业的比例明显高于非制造业（Breinlich and Criscuolo, 2011），可见这种情况并非日本特有。不过，在纯出口服务的企业中，服务业的比例（2.4%）略高于制造业（1.4%）。按行业分类看服务出口企业的比例，信息通信业（8.6%）、批发业（4.5%）、服务业（狭义）（3.4%）等相对较高，而零售业（0.8%）很低。

就出口金额而言，样本企业的总出口金额约为 77 万亿日元，与此相对，服务出口额约 3.5 万亿日元，出口额占企业销售额的比例分别为 10.7%、0.5%，服务出口额非常少（上述数据均为 2013 年度的数据）。即使只计算服务出口企业，在销售额中所占比率也为 2.9%，和 Breinlich and Criscuolo（2011）报告的英国企业的服务出口的数字（约 30%）相较要小得多。

生产率高的服务出口企业

让我们来看看出口服务企业的特性。和既不出口商品也不出口服务的非出口企业相比，服务出口企业的规模大，生产率及工资水平高。虽然在商品出口企业也能看到类似的关系，但是，出口有无所带来的差异，服务出口企业在数量上更大。从员工人数来看企业的规模，商品出口企业和非出口企业相比，企业规模平均大33%，与此相对，服务出口企业大93%。

从TFP来看，商品出口企业比非商品出口企业高20%，与此相对，服务出口企业高28%，平均工资分别为28%、39%。和商品出口企业比较，服务出口企业的规模更大，生产率和平均工资更高。当然，并非从以上数据就能得出这样的因果关系——因为进行服务出口所以生产率和工资水平就高。和商品出口相比，服务出口的障碍更多、难度更大，所以，除非是一家生产率高的大企业，否则很难提供服务出口。

综上所述，近年来，虽然日本的服务出口较之商品出口呈现出增长的趋势，但服务出口额的水平低于其他国家。即使从企业层面来看，进行服务贸易的企业也是少数，服务出口在销售中所占的比例也有限。受服务评价困难的信息不对称性、运输费用高、法律制度和语言不同等因素的影响，服务相关的国际贸易固定费用有可能比商品贸易多。

反之，也可以说日本的服务贸易还有较大的提升空间。因此，DATS、EPAs以及服务贸易自由化、便捷化的政策，在促进企业活动全球化方面，较之针对商品贸易的政策有可能发挥更大的作用。甚至极有可能对日本经济整体性能的提高做出贡献。在这方面，令人关注的是TPP协议生效后日本的服务贸易将如何发生变化。

汇率敏感度高的服务出口

下面我们来看看汇率和服务贸易之间的关系。安倍经济学下日元不断贬值，当初是期待它会带来出口数量的增加，可是，从目前来看，日元贬值对商品出口数量的增加所带来的影响是有限的。之所以出口数量增长有限，原因是：①世界经济增速放缓，②出口商品的价格竞争力提高（后述），③随着全球增值链（GVC）的深化，出口汇率弹性值下降。其中关于③，Ahmed et al.（2015）采用包含日本在内的 46 个国家的面板数据进行了实证研究，结果显示，针对工业产品出口实际有效的汇率弹性值存在下降的趋势，GVC 的深化是其中的一个原因。

把与美元以外的货币（如欧元）的关系考虑进去来看有效汇率，截至 2014 年底，日元汇率下跌 33%，于 2012 年 7 月达到顶峰。然而，商品出口量指数在 2013 年至 2015 年，一直保持在比日元疲软之前的 2012 年上半年低 3% 至 4% 的水平。出口总额 2014 年是 12%，2015 年上涨 16%，反映出日元出口价格进一步上涨（到 2015 年上涨 21%）。

日本的出口结算货币，美元约 54%、日元约 35%，占了大部分，除此之外是欧元 6%，中国的人民币不足 1%（财务省“贸易交易货币比率”）。假设有效汇率下降 33% 时外币出口是三分之二，而且日本企业保持外币出口价格不变，日元出口价格将平均增加 22%。实际情况非常接近这个数字。

日本出口数量增长幅度之所以小，很大的理由在于诸国经济不景气导致的收入增长不利。还有一个理由是即使在日元贬值的情况下，制造业也不下调外币出口价格，以致不能带来出口数量的增长。换句话说，其背景在于日本出口企业的价格竞争力比过去提高了。

在日元升值的背景下，我们经常看到这样一种错误观点，即尽管日元升值，日本公司仍不能将出口商品的外币价格转嫁，因为它们的价格竞争力较弱。现在日元贬值了，大家又嚷着不下调价格。也就是说，近年来，日本企业（以外币计价）的出口商品的价格对外汇波动变得不敏感。对此，国际经济学者把它表述为出口汇率的转嫁率低。

虽然只是教材层面的讨论，但当某企业出口商品独立性和差别性高于许多存在竞争对手的完全竞争，并且不太可能和其他公司进行市场竞争的情况下，在外币的供给曲线因汇率变动而变化的时候，最优（利润最大化）价格的变动幅度变小。比较完全竞争和垄断情况下的汇率转嫁率，日元贬值时，垄断企业的外币价格下降幅度和出口数量的增加幅度，都小于完全竞争的情况。双头垄断和寡头垄断的情况一般处于完全竞争和独自垄断中间，关于这一点我们略去不再详述。

直观地说，拥有垄断能力的企业原本定的价格就高，即使费用条件变化，价格变动的空间也很小。众所周知，国内市场垄断企业提供的商品和服务价格是刚性向上和向下的。商品出口按理应该存在类似的情况。

经历了韩国、中国、东盟国家制造业的发展以及屡次汇率变动后，日本许多企业采取了以下经营战略：将缺乏独立性、容易和其他企业产生竞争的同质化产品的生产转移到海外，把区分度高、拥有竞争力的产品生产留在国内。由于这种增值战略，出口价格的汇率转嫁率下降（即外币价格没有太大变化），即使在日元疲软的情况下，出口量增长也放缓——或许这才是标准的解释。这种情况下，日元贬值大大增加了日元支付，而拥有价格控制权的大型制造企业则获得高额利润。

相反，出口服务对汇率变动的敏感度相当高，从服务出口可以清楚地观察到日元贬值所带来的数量效应，其中旅游收支尤为显著。随着日元贬值，外国游客大幅增加，旅行收入（包括住宿费、餐饮费以及购买纪念品的费用）正在稳步增加。

单纯基于金额计算弹性值的话，旅行收支的收入（出口）的实际有效汇率的弹性值约为 -3。这里所说的旅行收支的收入金额并非数量指数而是以日元计算的金额，所以，如果日本国内住宿费、纪念品等的价格（几乎全用日元计算）没有大的变动，这个金额的增加大致就意味着旅行服务出口“数量”的增加。

即使从整个服务出口（旅行收支除外）来看，弹性值也是 -1.9。虽然是以货币为基础，但当有效汇率下降 30% 时，服务出口金额即增加 50% 以上，远远大于货物出口金额。旅游收支的支出（进口）也对汇率的变动相当敏感，日元贬值，日本人的海外旅行就减少，其中一部分改为国内旅游。

外国客人数量的增加通过需求平衡效应以及住宿总数的增加提高了住

宿的入住率，并对住宿业的生产率产生了很大的积极影响（森川，2015e）。例如泽之屋旅馆，虽然只是位于东京市的一家小旅馆，但它一直致力于吸引外国游客，最终成为外国游客中颇负盛名的必去“打卡”地，被誉为最受自由行外国游客青睐的日本旅馆的先驱。住宿者中约九成都是外国人，客房入住率平均超过 90% 。近年来，或许由于日元贬值的缘故，外国游客激增，这个商业模式可以说颇具启发性。

或许是世人对日本以制造业为支柱的“贸易立国”的认识根深蒂固，所以，服务出口不大受关注。可是，实际上日元疲软的影响已经渗透到全国各地的服务行业。另一方面，服务贸易的高汇率弹性意味着，如果日元升值，包括访问日本的外国游客在内的服务出口可能会下降。

2. 通过对外直接投资进行海外扩张

向海外扩张的日本服务企业

下面，我们来看看全球化的另一个侧面——直接投资。日本的对外直接投资始于 20 世纪 80 年代，在贸易摩擦和汇率变动的背景下，以汽车产业和电机产业为首的制造企业积极开展对外直接投资。近年来，服务企业也不断向海外扩张。

如第 1 章所述，服务业生产率委员会，从 2007 年到 2010 年开展了“优质服务 300 例”竞选活动，从各种角度对优秀的服务企业进行表彰。其中一项评选标准为“拥有独特优势、积极推进国际业务的企业”。入选该类型的企业和团体有公文式（教育机构）、良品计划、华德培婚礼、永旺、Ginq（视频内容）、泽之屋旅馆、Barcos（手提包销售）、雅马哈（雅马哈音乐教室）、北海道广播电视、立命馆亚洲太平洋大学、吉野家控股等。

例如，公文式不仅在日本各地开展教育服务，还把业务拓展到海外几十个国家，深得当地好评。良品计划是一个从“无印良品”的企划、开发、制造到流通销售都实施的制造零售企业，其衣服和家用产品的专卖店遍布全国各地。该企业的“MUJI”品牌在海外知名度很高。截至2015年已经在海外25个国家开设了300多家店铺，不仅是销售，商品开发业务也拓展到国外。永旺整个集团的销售额超过7万亿日元，是日本最大的综合零售企业，主要在马来西亚、泰国等东南亚以及中国等国家，不断根据当地消费者需求，开设新的店铺，开发新的商品。

这个表彰制度结束之后，服务企业的海外扩张依然势头强劲。下面我们基于一些报道来看看。拉面连锁企业博多一风堂在新加坡、中国积极开设店铺，在纽约和巴黎也有连锁店。除此之外，味千拉面、山头火、北国拉面、Nagi拉面等诸多连锁都向海外进行了拓展。之所以出现这样的情况，原因在于人口下降导致的日本国内需求饱和以及亚洲国家风行的日本美食热等。超级澡堂连锁企业极乐汤也开始向中国上海进军，开设店铺。

近年来，不仅是大企业，中小服务企业也不断向海外发展。多选择中国、泰国、新加坡、印度尼西亚等亚洲国家（日本贸易振兴机构“第三服务业的海外发展调查”，2015年）。

从统计看到的服务产业的海外发展

关于服务产业通过对外直接投资的全球发展，不仅有前面介绍的相关报道，统计数据也能说明这一点。表6－4A栏根据“国际收支统计”中的国外资产负债余额数据，总结了以股票为基础的直接投资余额数字。2005年制造业的直接投资余额是27万亿日元、非制造业是18万亿日元，很明显，制造业的对外直接投资余额更多。可是，2008年起情况开始发生逆转，截至2014年，制造业为65万亿日元，而非制造业攀升到76万亿日元。当然，由于非制造业包含农林水产业、矿业之类和资源相关的直接投资，所以，单从服务业来统计的话，2014年的对外直接投资余额为60万亿日元。如果把在服务业中占很大一部分的金融、保险业略去不计，对外直接投资余额仅33万亿日元，不及制造业。

表 6－4　对外/对内直接投资余额（万亿）

	（1）制造业	（2）非制造业	（3）对内服务业	（4）除去金融保险业后
A. 对外直接投资余额				
2005	27.3	18.3	16.1	8.2
2014	65.2	75.8	59.7	32.6
增加率	10.2%	17.1%	15.7%	16.5%
B. 对内直接投资余额				
2005	5.3	6.6	5.9	2.5
2014	8.0	12.4	11.2	3.4
增加率	4.7%	7.3%	7.3%	3.8%

（注）根据“国际收支统计”编制。年末数字。增长率是从 2005 年到 2014 年的年率转换。

但是，这期间的增长率无论从哪种分类来看都是服务业高于制造业。年增长率高达 15% ~16%，远远超过我们在第 1 部分看到的服务出口增长率。再者，虽然表上没有显示，非制造业的直接投资，亚洲的增长率高于北美和西欧。制造业的生产基地向海外扩张的情况令人瞩目，但服务业也在急速向亚洲拓展，这一点从数据上就能一目了然。

由于被归类为非制造业的对外直接投资中包括制造企业建立销售基地这类向服务领域的投资，因此，关于非制造企业的海外扩张，我想用“企业活动基本调查”的数据来补充说明一下。“企业活动基本调查”中包括不同行业在海外的子公司和关联公司的数据。根据这个微观数据再次统计观察到的服务企业在海外的拓展情况（如表 6－5 所示），具体得出了拥有海外子公司和关联公司的非制造业的企业数目。当然，企业的海外扩张，除了开设子公司和关联公司以外，还有业务合作等形式多样的拓展方式，所以，这终究只是一个近似的数据。

这样的企业从 2001 年的 1 068 家增加到 2013 年的 1 925 家（年增长率约为 5%），2015 年，非制造业的 10% 以上都在海外有服务活动（见表 6－

5列（1））。由于“企业活动基本调查”是按销售额的多寡对企业进行分类的，其中，被归类为非制造业的企业也有从事制造业活动的。而且，从企业本身来看，有些企业，即使制造业没有销售额，但其国内的子公司和关联公司依然有制造业务。

基于这个考虑，把范围集中到制造部门销售额为零的企业（见表6－5列（2）），以及国内没有制造业子公司和关联公司的企业（见6－5列（3））进行了统计。即使是从这一缩小了范围的服务企业（“纯服务企业”）的样本来看，在海外拥有子公司和附属公司的企业数也是增加了两倍左右。

不过，由于这个表的数字是采用每年不同的样本计算得来的，所以，或许会受到被调查对象企业收支存在出入的影响。因此，又把范围集中在2001年和2013年均为被调查对象的企业重新进行了计算，结果几乎没有变化。

例如在（1）被归类为非制造企业的企业中，通过对外直接投资开展海外服务拓展的企业，从2001年的735家（9%）增加到1109家（13%）。（2）类企业，从598家（8%）增加到932家（12%）。（3）类从389家（6%）增至691家（10%）。也就是说，即使继续对目标企业进行调查，在海外开展服务事业的企业的比例依然增加了约4个百分点。服务产业的对外直接投资，即使从合计的程度来看也处于急速增长的状态。从企业层面来看，在海外开展服务的企业也处于稳步上升的态势。

表6－5　在服务领域向海外扩张的服务企业数量的变化

	（1）非制造业等级评定企业		（2）制造业销售额为零的企业		（3）国内没有制造业子公司的企业	
2001	1 068	7.2%	878	6.7%	592	5.0%
2013	1 925	11.2%	1 672	10.7%	1 341	9.2%

（注）根据“企业活动基础调查”的数据计算制成。在海外拥有非制造业的子公司和关联公司的国内非制造企业的数量（包括（1）被产业评定为非制造业的企业，（2）国内制造业销售额为零的企业，（3）国内制造业销售额为零、国内没有制造业子公司和关联公司的企业）。组成比率（%）是海外拥有非制造业子公司和关联公司的企业与（1）～（3）各自企业总数的比例。

3. 服务产业的国际化和国内经济

全球化和生产力

那么，服务产业和企业通过出口或直接投资来实施的海外扩张对日本经济究竟意味着什么呢？关于企业的海外扩张和生产率之间的关系，着眼于“企业异质性”的国际经济学理论和实证研究近年来发展迅速。所谓异质性，指规模和生产率因企业的不同而出现很大的差异。

这些研究结果表明：①存在“筛选效应”，即生产率越高的企业，其出口和对外直接投资越多；②存在知识和技术的溢出或“学习效应”，即通过海外扩张提高了生产率。迄今为止，以制造企业为对象的研究占绝大多数。不过，最近开始出现少量关注服务业的分析。总的来说，存在和制造业同样的关系（例如前面提到的 Breinlich and Criscuolo，2011）。

虽然我们在第 1 部分也提到过，采用“企业活动基本调查”的面板数据，对服务贸易与企业的生产率和工资关系的分析结果显示，服务出口企业比非国际化企业规模大，生产率和工资水平高 20% ~ 30%（森川，2015c）。和商品出口企业比较，也是服务出口企业的规模更大。但是，把统计数据观察不到的企业固有特性（固定效应）考虑进去进行推算，服务出口企业和非国际化企业之间的生产率和工资水平之间的差距大幅度缩小，从四分之一缩小到五分之一。

该结果意味着生产率和工资水平高的企业进行服务出口的“筛选效应”也大。但是，即使如此，TFP 通过服务出口也会提高 4%。这个情况表明，通过服务出口提高生产率的“学习效应”等机制可能在某种程度上发挥作用。

“学习效应”是指全球化企业自身的生产率得到提高的效应，相当于我们在第 2 章谈到的“内部效应”。鉴于公司的异质性，即使没有“学习效应”，它也会对整个服务业的生产力产生积极影响。即生产率相对较高企业的市场（生产）占有率随着服务贸易的增加而增加，产业整体的生产率通过“再分配效应”得以提升。毫无疑问，服务产业、企业的全球化给整个日本经济都带来了好处。

关于国际化的另一个模式——对外直接投资，国内外的研究结果也证明了这一点，即企业规模越大、生产率越高，越倾向于直接投资。有研究指出对于从海外直接投资的本国企业存在知识和技术的溢出效应（Keller，2010；清田，2015）。也就是说，“筛选效应”和“学习效应”极有可能同时存在。但是，过去的研究多半是以制造业为对象，关于服务企业（特别是服务领域）对外直接投资和生产率之间的关系，相关研究很少。

其中，伊藤（2007）、田中（2011）、枝村等（2011）对覆盖服务产业的日本企业进行了实证研究。伊藤（2007）采用日本企业的面板数据，通过对服务业和制造业的比较，就对外直接投资和生产率之间的关系做了前沿性的研究。研究结果表明，实施直接投资的服务企业的 TFP 增长率高于实施直接投资的制造企业。不过，没有区分是否是服务性业务的直接投资。在日本被归类为服务行业的企业中，有些制造部门的业务以子公司和关联公司的形式进行，因此无法确定是否是服务业务海外扩张的影响。而且，该分析的基础样本仅限于上市公司。

田中（2011）采用广泛覆盖非上市公司的“企业活动基本调查”的微观数据，就服务企业拥有海外子公司的情况以及生产率之间的关系，和制造企业进行了对比分析。结果表明，即使在服务产业也存在这样的倾向：①越是生产率高的企业越是在国外有子公司；②越是在许多地区有海外子公司的企业，其生产率越高。也就是说，采用“企业的异质性”理论也能解释服务企业向海外的直接投资。只是，它不是研究直接投资是否能提高生产率，也没有考虑海外子公司因行业（制造/服务）不同带来的差异。

Edamura et al.（2011）同样采用“企业活动基本调查”的微观数据，分析了拥有当地法人资格企业进行直接投资之后的生产率。结果意味深长——虽然海外当地法人是制造业（制造基地）时对 TFP 的效应尚未确定，但当海外当地法人是非制造业（销售基地等）时，TFP 以及劳动生产率 3 年后提高。只是，报告的分析对象是被评定为制造业的企业，服务企业在海外扩张时具有怎样的效应尚不明确。

如上所述，遗憾的是，因为数据的限制，关于服务企业通过对外直接投资实施的海外扩张对日本国内母公司的影响，目前尚不明确。再者，来自海外的对内直接投资也有可能具有向其他日本企业溢出等优势。关于这一点，我们将在第 5 节进行论述。

海外扩张会导致“空洞化”吗

企业通过对外直接投资实现的海外扩张会不会带来国内的“空洞化”？特别是会不会导致国内劳动需求的减少？这种担忧无论在哪个国家都很强烈。关于这一点，不仅是政策制定者，研究者们也非常关注，并以制造业为中心做了很多实证研究。迄今为止，关于制造业海外扩张对国内就业的负面影响尚缺乏充分的论证（清田，2015）。

可是，以服务产业为对象的研究却很少，这是因为，如果工业产品的生产基地转移到国外，国内就不需要这个生产功能了。另一方面，例如，在零售业和个人服务方面，只要国内存在需求，即使企业通过对外直接投资向海外扩张，相应的服务生产活动（不管是海外扩张企业实施还是别的企业接管）依然存在，因此对国内的就业没有严重影响。

在这种情况下，作为针对服务业的海外扩张和国内就业的分析，Sakura 和 Kondo（2013）就是少数几个例子。从采用日本上市公司的微观数据的分析结果来看，在非制造企业，越是对外投资规模大的企业，国内的就业率就越高，特别是零售业那样的内需型服务业，可以明显看到其积极效应。或许可以从创造国内就业机会的角度来积极评价非制造业的海外扩张。

另一方面，在欧洲和美国，人们担心“服务离岸外包”，即服务业务向海外的转移可能对国内就业和工资产生负面影响。代表性的相关研究 Crino（2010，2012）根据工作类型就美国以及欧洲的服务离岸外包对就业的影响进行了分析，结果表明，服务离岸外包具有技能偏差，一方面可增加高技术职业的就业，另一方面又能减少低技术职业的就业。服务离岸外包可以说是一种预期结果，因为它可以被理解为基于生产的比较优势（包括服务和制造过程）所产生的国际分工的一种形式。

在日本，制造工序的外包发展很快，但或许是因为语言障碍的缘故，服务外包却发展缓慢。根据富浦（2014）的研究结果，日本企业海外外包（离岸）的80%以上是制造业相关业务。客服、法律、会计、财务等服务业务的海外外包目前很有限。如果今后服务外包因国内劳动力不足不断发展，极有可能和欧美一样产生这样的作用——对技能高的工人有利、对技能低的工人不利。

4. 在全球附加价值链中提高服务的重要性

深化跨境增值链

近年来，在运输成本下降和关税等贸易壁垒下降的背景下，生产工序开始跨越国境细分，国际增值链（GVC）也不断深化。与外国直接投资相关的母公司和子公司之间的交易就是这样一种途径，但贸易链是国际化的，包括不属于从属关系的外国企业。在工业产品制造过程中，不仅要购买大量的材料和零部件，还要投入大量的商业服务，例如运输和通信服务、金融和保险服务以及法律和会计服务等。结果，一个最终完成的产品中包含和投入了许多国家的半制成品和服务。

从附加价值来看，即使产品的最后组装工序在中国进行，其中也包含了大量与欧美和日本的材料、零部件生产相关的附加值，以及在材料和零部件生产过程中投入的服务的附加值。根据iPod和智能手机案例研究（Dedrick et al.，2009；Ali - Yrkko et al.，2011），从最终产品的总出口额来看，虽然中国的占有率非常大，但是，其中包含的中国国内的附加值却很少。在整个全球供应链附加值中，大部分由几个发达国家获得。

此外，近年来，使用全球投入产出表对增值贸易的研究大量出现（Timmer et al.，2014；Johnson，2014）。结果发现，在通过增值贸易进行评估时，商品贸易中体现的间接服务贸易非常大。虽然按常规贸易统计数据计算，制造业在出口总额中的份额为67%，但是，在增值贸易中仅为

39%，其重要性大大下降（2008 年）。服务出口的占有率，虽然在出口总额所占比例不过 20%，但在增值出口中却占 41%，增长了 1 倍以上（Johnson，2014）。也就是说，从附加值来看，国际竞争力不仅仅取决于国内制造企业的最终生产效率，还高度依赖国内商业服务直接或间接增加的中间投入。

Francois et al.（2015）采用全球投入产出表中的面板数据，对增值贸易中体现的服务进行了分析。结果发现，越是先进国家，越倾向于进行服务密集型产业的出口。从附加价值来看，服务在日本出口中的占有率从 1992 年的 7% 上升到 2011 年的 30%。

GVC 的深化程度，可以通过该国附加值在总出口额中所占比率来计算。根据这个计算结果发现，许多国家在 1995 年到 2008 年之间下降了 10% 左右。在日本，1995 年这个比率是 92%，2008 年下降到 80%。这意味着日本的出口总额中，国外附加值占了 20%。通过 GVC 深化的各生产过程的分工，使各国比较优势模式逐渐转变为细化的各工序（任务）的比较优势，而非各个行业的比较优势。

把比较优势转化为技能和知识密集型服务

毋庸置疑，每个国家的附加值都是由其劳动力和资本产生的。劳动力包括各种类型的劳动力，从低学历的非技术劳动力到本科和研究生学历的高技术劳动力。根据 Timmer et al.（2014）的研究结果，整个全球增值链中附加值的源头开始从非技术劳动力转换为资本以及高技术劳动力。具体而言，假设 1995 到 2008 年间世界制造业整体的附加值为 100%，那么，资本的占有率增加了 6.5 个百分点，高技术劳动力的占有率增加 1.5 个百分点。另一方面，中、低技术劳动力的占有率减少 8.0 个百分点。

而且，在全球增值链中，发达国家越来越关注技术工人开展的活动。从先进国家来看，资本的占有率增加了 2.9%，高技能劳动力的占有率增加了 5.0%。再看日本，资本增加了 4.5%，高技能劳动力增加了 3.1%。纵观包括金砖国家在内的新兴国家，低技能劳动力的增值份额正在下降，资本和技能劳动力的比例正在上升。

换句话说，如果日本试图在工业产品的GVC中获得大的附加值，就必须专注于在细分的生产流程中产生高附加值的流程。这些流程中起主导作用的不是加工组装，而是位于“微笑曲线”两端的流程。具体来说，就是研发、产品设计之类位于业务链上游的业务活动，以及市场调查、售后服务等位于业务链下游的业务活动。这种高附加值的业务活动，多数都是以高学历和高技术劳动力为基础的广义的服务生产活动。当然，不仅是企业内的服务业务，还包括向国内专业化的商业服务企业外包的业务。

国内没有工厂的制造企业（FGPs），如美国苹果公司和英国戴森公司等，是完全专注于产品设计、海外生产协作、销售的极端例子。在日本，迅销（优衣库）、似鸟、良品计划等制造零售企业均具有类似的特性。日本究竟存在多少家具有这种特性的企业，通过“企业活动基本调查”样本估算的结果如表6-6所示（森川，2016c）。从国内的商业活动来看，虽然该企业本身不是制造业，但把它视为将制造业务委托给其他公司的企业来进行计算。

表6-6　没有工厂的制造企业（FGPs）

	(1) 国内外制造业外包 (广义上的FGPs)		(2) 海外制造业外包 (狭义上的FGPs)	
2009	2 667	19.7%	324	2.4%
2010	2 744	19.6%	396	2.8%
2011	2 815	19.0%	455	3.1%
2012	2 805	18.9%	464	3.1%
2013	2 688	18.4%	451	3.1%
(行业)				
批发业	23.4%		30.5%	
零售业	14.1%		8.5%	

（续表）

	（1）国内外制造业外包 （广义上的 FGPs）	（2）海外制造业外包 （狭义上的 FGPs）
（行业）		
信息通信业	40.4%	49.6%
服务业	18.5%	10.5%
其他	3.5%	0.9%

（注）根据“企业活动基本调查”数据的计算结果编制。母公司指在日本不是制造业的公司（①制造业销售额为零的公司，以及②在日本没有被归类为制造业的子公司或关联公司的公司）。显示了其中将制造业外包给国内和海外公司的数量和比例。下半部分显示的是根据 2009—2013 年的数据计算的公司所属行业的构成比。

具体集中在满足以下两个条件的企业：①制造部门的销售额为零，②国内没有制造业的子公司或关联公司。满足①这个条件的企业不少，这类企业虽然在产业分类上属于批发业和信息通信业，但是也有部分制造活动。②是考虑到这种情况：有些公司虽然母公司自身没有制造活动，但实际是以子公司的形式在从事制造活动。该表列（1）是向国内或海外委托制造的企业（广义上的 FGPs），列（2）是仅向海外委托制造的企业（狭义上的 FGPs）。

在 2013 年度，（1）是 268 家，（2）是 451 家。由此可以确定在日本存在很多“没有工厂的制造企业”。从时间上来看，向海外委托制造业务的企业有增加的趋势。由于本章关注的焦点是国际化，所以，从（2）这类企业（狭义 FGPs）的产业分类来看，信息通信业的企业最多占 50%，其次是批发业占 31%、服务业 10%、零售业 8%（见表 6－6 列（2）下半部分）。

如果根据企业规模和行业来与其他企业比较，狭义 FGPs 的生产率、工资水平，劳动生产率高约 5%、TRPs 高约 8%、平均工资高约 5%。它还具有高无形资产投资（销售额）和总部职能管理部门（包括研究和规划部门以及国际业务部门）的高员工比例。

如上所述，随着 GVC 的不断深化，日本知识密集型商业服务的高度化、制造企业中包括总部职能在内的服务运营的改善，对于提升日本经济的国际竞争力非常重要。

5. 外资、外国劳工和生产率：多样性效应

对日直接投资的意义

以上各部分主要围绕出口、对外直接投资以及日本企业的海外国际化进行了论述。但是，在服务产业的国际化方面，还包括对内直接投资、移民以及外国劳工的增加之类对内的国际化。这个部分我们将对直接投资、移民以及外国劳工的对内国际化的发展情况进行概述。

日本是一个对内直接投资极少的国家。2014 年末的对内直接投资余额为 20.4 万亿日元，名义 GDP 占比为 4.2%。而同年的对外直接投资余额为 141.0 万亿日元，GDP 占比为 28.9%。相比之下，对内直接投资不过对外直接投资的七分之一。从行业来看，虽然比起制造业，服务产业的直接投资余额更多（见表 6－4B 栏），但和产业的 GDP 占有率比较，服务产业的对内直接投资可以说比制造业更少。

对内直接投资的增长率存在同样的情况。虽然服务产业超过了制造业，但除去金融保险业，服务产业的增长率低于制造业。根据各国不同的经济规模来比较 GDP 占比，美国（29%）、英国（63%）、法国（40%）、德国（23%）等欧美国家就不用说了，和韩国（14%）、中国（10%）比较也是低得多。

为什么对内直接投资这么少呢？清田（2015）从日本企业的经营管理（如交叉持股、企业体系、服务业的公共法规、企业法人有效税率较高以及社外董事数量少等）、市场竞争度高很难获取高额利润等方面，对其影响因素进行了分析论述。之前，小宫隆太郎先生曾分析说，在日本经济高度发展时期，日本对外国企业来说是一个经济增长率高、富有魅力的市场，当时外国资本监管存在的滞后问题（历史效应）或许对此带来了很大的影响。

Blonigen and Piger（2014）分析了决定直接投资的主要因素，虽然它的

研究对象并非仅限于日本。结果表明，决定直接投资的主要因素在于地理距离和文化距离。在日本，地理位置、语言以及文化差异带来的影响也很大吧。在各种各样的假说中，对日本国内直接投资少的决定因素究竟是什么，实证方面还不够明确。

政府表示，"通过外国先进的企业经营资源如经营技巧、技术和人力资源等的流入，扩大对内投资，有助于提高我国的生产率和创造就业机会"（《通商白皮书 2015》，经济产业省）。《日本振兴战略》为扩大对内直接投资（即对日投资），提出了"力争 2020 年的对内直接投资余额实现向 35 万亿日元的倍增"的数值目标。

一般认为对内直接投资，随着优秀技术知识的流入和普及，将为东道国的生产率和经济发展做出积极的贡献。特别是最近优秀外资企业的进入，有望提高国内低效的服务业生产率。可能产生以下两种效应：①通过增加并购和外资来提高企业的生产率；②由于外资企业进入市场，非外资企业的生产率因技术溢出和市场竞争加剧而得以提升。

关于①，几乎所有采用日本企业的数据所做的实证研究（包括本人所做的研究）都证实了这一点：外资企业的生产率高于非外资企业。不过，也可能存在这种逆向的因果关系，即外资收购的，本来就是生产率有望提高的企业。对日本企业（包括制造业）的一些实证分析证明，外资企业和对日并购与提高生产率之间存在因果关系（清田，2015）。

虽然缺乏以服务产业为对象的研究，但从笔者基于企业面板数据所做的分析来看，在服务产业，外资比率的提高和生产率的提高之间不存在因果关系（森川，2014a）。即使在海外，关于外资是否给服务企业的 TFP 带来效应，实证研究的结论各不相同。

至于②这一效应，虽然有很多的相关研究，但在日本，以制造业为主要对象的实证研究居然存在截然不同的两个结果：一是证实了溢出效应的存在，二是证实其不存在。有些让人意外的是，关于外资企业向非外资企业的转换，以服务产业为对象的研究，不仅是日本，海外也很少。

最近，Tanaka（2015）采用不仅包括制造业也包括服务业的日本企业的数据，对对内直接投资的溢出进行了推算。从结果来看，来自外资企业的效应，既有积极的也有消极的，二者同时存在。不过，该研究没有把制造业和服务业分开进行计算。

虽然政策方面对对内直接投资给服务业生产率带来提升给予了很高的期待，可是，事实上能支撑这种愿望实现的数据少得让人感到意外。正如前面所述，对日直接投资少，其自身就给详细的实证研究带来了制约。虽然很缓慢，但服务产业的对日直接投资出现增长的趋势，有必要对其效果继续进行验证。

人力资源的国际流动和人才的多样性

从对内的国际化这个意义上来说，除了对内直接投资，人际互动也很重要。对于需求方的外国旅客，我们在第 1 部分将其作为服务贸易的一个部分进行了论述。下面我们来谈谈以外国劳动力为主的人力资源（作为供给方的生产要素）在国际间的流动。

关于“多样性”，在日本，讨论的焦点集中在女性的活跃情况上面，外国劳工和国籍的多样性给国内经济带来的影响，相关的实证研究很少。但国际上对人种和国籍的多样性给国家和地区、行业和企业业绩带来的影响非常关注，并且对外国劳动力对东道国经济的影响进行了许多相关研究。关于移民和外国劳工对国内本地劳动者的就业和工资的影响，相关研究也不少。当然，分析结果依赖于外国人和本地人的技能互补或替代。

关于移民对接受城市和地区的生产力和工资带来的影响，Lewis and Peri（2015）对相关研究进行了综合考察，发现移民和当地的工资以及生产力之间存在正相关的因果关系，特别是高技术移民，其积极作用更大。由此得出这样的结论——移民劳动力的技能多样化是影响生产力的主要原因。许多研究结果认为劳动者国籍的多样性对创新有着促进作用（Stuen et al.，2012；Parrotta et al.，2014；Lee，2015）。而且，许多研究发现其对生产率有着积极作用（Peri，2012；Ottaviano et al.，2015；Trax et al.，2015）。这些研究结果说明高技能外国人的增加对东道国有着积极的影响。

至于和服务产业的关系，意味深长的是以英国为对象的研究（Ottaviano et al.，2015），结果显示，移民促进了服务出口，特别是语言性服务、制度性知识密集服务的出口，移民在服务贸易的沟通以及交易成本的下降方面起着重要的作用。分析指出移民对服务企业生产率的积极效应在于成本的削减。

除此之外，关于低技能外国劳工（移民）的流入，研究表明，个人服务业价格的降低，可为高技术女性提供更多的时间和机会。海外多项研究表明，从事家政、保育等服务业的外国人，可为当地高技术女性的就业发挥积极作用（Cortes and Tessada，2011；Cortes and Pan，2013；Forlani et al.，2015）。这种作用在有孩子的女性身上尤为明显，在家庭支援政策少的国家表现更为突出。原因在于低技能的外国劳工的增加，降低了家政服务成本，增强了其实用性，促进了工作与儿童保育之间的平衡。

实际上，Cortes（2008）采用美国的数据，对移民给非贸易商品以及服务价格带来的影响进行了分析，结果显示，低技术移民的增加大大降低了家政服务、园艺服务之类劳动密集型服务的价格。这个结果告诉我们，虽然许多人对接受低技能外国人持消极看法，但有一点不容忽视，那就是低技能外国人的流入有助于高技术女性更好地工作。

随着企业活动的全球化进展，外国董事也在商业多元化的角度成为被高度关注的问题。从日本大型上市企业的管理高层就能看到这个明显的变化，如 CEO 一职，日产汽车有卡洛斯・戈恩担任过，索尼有霍华德・斯特林格担任过，奥林巴斯有迈克尔・伍德福德担任过，武田药品工业有克里斯托弗・韦伯担任过。从包括非上市公司的整个日本企业来看，虽然外国董事的数量还很有限（森川，2014b），但今后或许会逐渐增加。

海外关于外国董事经济效应的相关研究还很少。其中 Oxelheima and Randøy（2003）分析了北欧企业里英美外国（外部）董事的存在与企业价值之间的关系，结果表明，这些公司具有很高的企业价值。Masulis et al.（2012）使用 S &P（标准普尔）1 500 家企业的数据对美国企业外国独立董事的利弊进行了实证分析，发现有外国独立董事存在的美国大企业，在以原产国企业为对象的M＆A（并购）方面成绩不俗，但企业整体的盈利能力和企业价值都低。是否需要增加外国董事是一个需要进一步研究的课题。

综上所述，虽然尚需进一步的实证研究，但总体来看，外国劳工的流入以及国籍多样化的增加极有可能对日本（包括对服务业和企业的影响）带来好处。政策方面可考虑采取以下措施，如减少或消除签证和入国管理手续等妨碍人力资源国际间流动的壁垒，为留学生毕业后提供就业机会等。

第7章　服务业和经济波动

经济增长和完全雇佣都是经济政策的基本目标，要在提高日本经济增长力的同时稳定经济，就必须考虑如何推进经济服务化。服务业由于一般不存在库存，所以受库存调整的影响小，通过贸易与海外经济的联系弱于制造业，商业周期模式也与制造业不同。

本章和之前的各章不同，将从短期和时间序列的视点来考察服务经济和商业周期的关系。主要阐述以下几个问题：①降低政策的不确定性在引导企业积极投资方面的重要性；②判断（如何）摆脱通货紧缩时应关注服务价格走势；③利用近年来不断完善的服务业动态统计数据。

1. 服务业的生产波动与制造业有何不同

经济波动小的服务业

经济服务化的发展，不仅对前面各章阐述的中长期经济结构（如经济增长、劳动市场、地区经济等）有所影响，对短期商业周期也有各种各样的影响。首先，服务业的生产波动性往往低于制造业。

采用1989年至2015年的月度数据，分别计算工业和服务业生产同比比率（原始数据,%）的波动情况（标准差），相对于“工业生产指数”（IIP）的7.8%，“第三产业活动指数”（ITA）为2.4%，平均波动幅度不到前者的三分之一（见表7－1列（1）），制造业平均同比变动率高于第三产业。考虑到这个情况，从平均值除以标准偏差后得到的波动系数来看，IIP的波动比ITA的波动高了将近10倍。

表7－1　生产指数波动率（标准差，%）

	（1）上一年同月比（同比比率）	（2）上个月比（月份比率）
第三产业综合	2.41	0.97
信息服务业	6.76	3.15
交通运输业	2.96	1.22
批发业	5.14	1.98
零售业	3.28	1.93
房地产业	2.98	1.98
住宿业	5.13	3.30
娱乐业	7.10	4.24
工业	7.76	1.97
生产资料	11.62	3.00
耐用消费品	12.91	4.70
非耐用消费品	3.08	1.86
生产产品	9.02	1.98

（注）根据“第三产业活动指数”和“工业生产指数”（均来自经济产业省）编制。同比率基于原始数据，上个月的比率按季节调整。限定时间为1989年1月至2015年12月（上月比是1988年2月至2015年12月）。

这些数字都是过去25年的计算结果，我们想由此观察波动情况是上升还是下降。如图7－1所示，绘制了12个月的移动标准偏差。可以看出，第三产业在任何时候都比工业更稳定，特别在雷曼破产事件发生之后，工业的波动性大幅增加，而第三产业保持相对稳定。制造业生产受全球经济危机和东日本大地震造成的供应链中断等冲击的影响强烈，而服务业受这些大规模外部冲击的影响相对较小。即便在海外，例如 Ariu（2016）采用比利时公司数据的研究结果同样显示，和货物贸易比较，服务贸易受全球经济危机影响小于商品贸易。并且验算出，如果商品出口的收入弹性值与服务业相当，那么影响应该减半。

从服务业细分后的主要行业来看，运输业、零售业、房地产业的波动性较低，具有商品投资性质的信息服务业（包括软件业）的波动性相对较高。另一方面，由于工业可以利用不同产品的数据，从这一点来看，受生产资料、耐久消费品之类企业和家庭库存调整的影响大、波动性高。非耐久消费品和服务业的差别不大。毫无疑问，GDP 的需求项目中私人设备投资和出口比消费更不稳定，这是造成不同行业波动情况不同的主要原因。

如表 7－1 列（2）所示，使用季节性调整的上个月同比数据（月份比率），我们看到更频繁的波动，第三产业是 1.0%，工业是 2.0%，依然可以确认服务业的波动性很低。不过，再把行业细分来看，即便同为服务业，住宿业和娱乐业在季节调整之后波动性依然相当高。

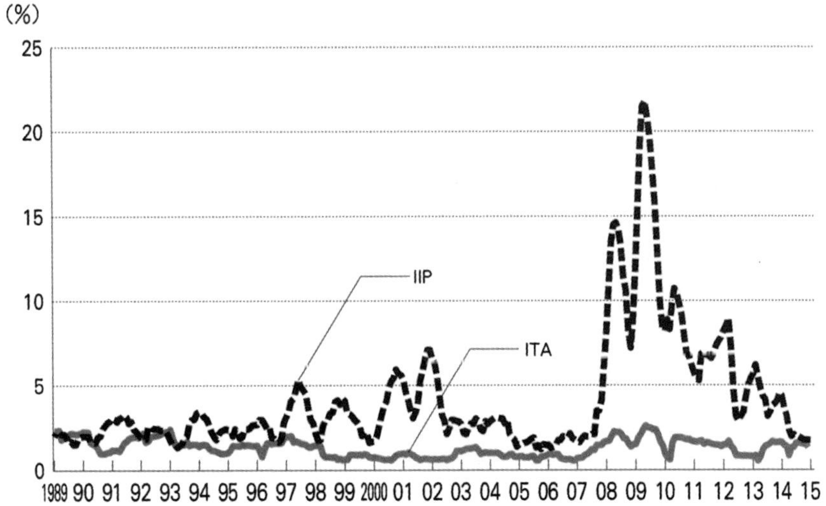

图 7－1　工业生产指数和第三产业活动指数的波动性

（注）根据"工业生产指数"（IIP），"第三产业活动指数"（ITA）（均来自经济产业省）绘制。使用原始指数的同比比率显示 12 个月的移动标准差。

商业信心、消费、设备投资的波动

接下来，让我们根据日本央行“全国企业短期经济调查”（以下简称“日银短观”）季度业务状况DI（扩散指数）的波动程度（标准差）来看企业的主观商业意识。在进入“失去的20年”的1991年至2015年期间，虽然，业务状况判断DI（扩散指数）的平均值，制造业（-12.8）和非制造业（-12.9）几乎没有什么差别，但是，表示商业意识变化程度的标准差，制造业为20.6、非制造业为16.7，即便从企业的主观商业意识来看也是制造业的振幅更大。

关于消费的波动，我们把商品和服务分开来看。如果根据商品来计算“国民账户”（内阁府）家庭最终消费支出（名义和季节调整值前期比）的标准差（1994年4—6月至2015年10—12月），则耐用品为4.6%、半耐用品为2.5%、非耐用品为1.3%、服务为0.8%。从消费的明细也可以清楚看到——服务的波动低于商品。

综上所述，服务业经济波动小的原因可以说主要在于以下几个方面：①对消费（需求波动相对较小的）的依赖程度较高，②家庭消费由于不像工业品容易受库存调整的影响，其消费需求的波动低于工业产品，③很难像制造业那样受世界经济（外需）的影响。

即便从决定中期商业周期的大要素——设备投资来看，服务业的占有率也是上升的。从“企业统计年度报告”（财务省）服务业（不包括电力、天然气、自来水和供热的第三产业）占企业设备投资的比率来看，20世纪70年代是36%，比制造业（45%）少，80年代以45%超过制造业（39%），90年代过半达到53%，2000年以后平均高达54%。无论哪个行业的设备投资波动都非常高。如果以“企业统计季度报告”数据来计算同比标准差，则制造业为16.2%，服务业为13.7%，服务业设备投资的稳定性也高于制造业。

产业结构的变化和经济波动

上述观察表明，经济服务化的进展可能会起到稳定宏观经济波动的作用。这一点与世界经济危机之前被称为“大稳定”并涌现了大量研究不无关联。

自 20 世纪 80 年代中期以来，包括美国在内的主要国家的商业周期趋于稳定，其中有各种各样的因素存在，如货币政策管理的改善，信息化的库存管理改善，以及石油冲击等外部干扰的减少等，究竟什么因素起了主导作用——这是人们研究的重点。

经历过世界经济危机后，现在回头寻思，似乎“幸运”的成分很大。不过，一些实证研究表明，服务经济产业结构的变化也有助于商业周期的稳定。

在以美国为对象的研究中，Davis and Kahn（2008）的研究结果表明，产业结构的变化虽然不是“大稳定”的主要原因，但对波动性的下降起了一定的抑制作用。经济服务化的作用不是很大，原因在于服务业的波动本身就比耐用品行业小。另一方面，Carvalho and Gabaix（2013）的研究结果表明，以制造业份额下降为代表的产业结构变化，可以很大程度上解释宏观经济波动变化。涵盖整个经合组织国家的研究也表明，服务业份额的增加具有长期减少商业周期的作用（Ngouana，2013）。

Moro（2015）建立了和产业结构变化（经济服务化）相关的两部门的一般均衡模型，并分析了制造业/服务业 GDP 构成对经济增长和波动性的影响。据说服务业 GDP 份额的增加将降低宏观 TFP 增长率和波动性，使用在实证中已对该理论模型有效的参数，就可以解释各国经济增长和波动的大部分差异。

鉴于全球经济危机爆发，主要国家经济波动幅度极大，不能过高估计经济服务化对整体宏观经济波动的影响。但是，至少在结构上，可以理解为它正在努力减少商业周期的幅度。

2. 不确定性和经济活动

不确定性和实体经济

经济稳定本身对于实现充分就业的政策目标很重要。不仅如此，通过提高企业和家庭前景的可预测性，它也可能对中长期的经济增长产生积极影响。过去使用多个国家数据的实证研究表明，波动性越高的国家，自身的经济增长率就越低。

Ramey and Ramey（1995）的研究结果表明，如果经济增长率的波动率（标准差）基于跨国数据增加1%，则经济增长率会降低0.2%至0.4%。虽然该论文的研究年限止于1985年，可是，之后延长目标期间或使用更复杂的分析方法阐明因果关系的研究也表明，宏观经济波动对经济增长有很大的负面影响（Badinger，2010；Posch and Walde，2011）。

一般而言，对经济增长率和价格波动的未来预期本身将影响实体经济。波动性可被视为在未来前景中体现这种不确定性的指标。未来的不确定性对于家庭经济具有促进储蓄、抑制消费（特别是购买耐用消费品）的作用。就公司而言，广义的投资决策，如设备投资、研发、外国直接投资和新员工的招聘等，都受到经济环境和企业利润前景准确性的强烈影响。

虽然不确定性对实体经济的影响是一个长期以来一直受到经济理论和实证研究关注的课题，但是，最近，关于经济不确定性对宏观经济的负面影响的研究再次变得活跃起来（见调查报告 Bloom，2014）。

理论上来讲，在存在投资不可逆转和调整成本的情况下，未来不确定性的存在被认为具有抑制投资的效果。换句话说，由于一旦投资就不能收回，所以，在明确未来行情之前，延长判断时间是再正常不过的。

实证方面也证明了不确定性对设备投资、研发以及员工招聘的负面影响。日本的实证研究 Ogawa and Suzuki（2000）采用制造企业的面板数据进行分析，结果表明，不确定性对企业的设备投资具有负面影响。也有一些研究表明，随着经济全球化，经济的未来不仅受到本国的影响，也受到世界经济前景的极大影响，日本受世界经济不确定性的影响更大。

这些研究结果都表明了降低不确定性在稳定经济、促进企业积极行动方面的重要性。然而，迄今为止的研究主要集中在整个宏观经济或制造业，即使有涵盖服务业的，据我所知，都没有分别对制造业和服务业进行分析。

如何衡量企业面临的不确定性

日本经济面临着各种不确定性冲击，例如雷曼事件后的全球经济危机，东日本大地震以及政府更迭导致的经济政策的变化。考虑经济时，不能忽视这些不确定性。因此，笔者使用“日银短观”定制制表的结果，分析了未来商业形势不确定性的变动以及不确定性与设备投资之间的关系（森川，2015d）。其中一个特点是在比较制造业和服务业（非制造业）时进行分析。

“日银短观”是一项代表性的商业调查，在进行日本经济分析时总是与GDP 统计和工业生产指数一起使用。可能不需要详细的解释，它每个季度针对大约 10 000 家企业预测业务状况的现状，并对销售、收益和设备投资计划等进行广泛调查。该调查的业务状况判断（“贵公司的业务状况”）、设备判断（“贵公司的生产和设备”）、人员判断（“贵公司的雇佣人员”）的交叉统计、设备投资计划的特别统计都交由日本银行进行，并将结果用于分析。分析期从 2004 年 3 月到 2014 年 9 月，约 10 年。对分析细节感兴趣的读者请参考原始论文，本书旨在介绍主要结果，重点关注制造业和服务业之间的差异。

在国内外的研究中，各种指标被用来衡量企业面临的不确定性。由于没有可直接测量不确定性的数据，所以，股票价格的波动性，专家的股票价格预测，经济预测的差异（不一致度），计量经济模型未预测的经济指标部分，报纸不确定性报告的频率等被用作不确定性的代理变量。本节主要分析企业的提前预测和后续结果之间的差异（预测误差）。海外基于这个角度所做的先行研究中，值得一提的是 Bachmann et al. （2013），它采用了以德国企业为研究对象的调查数据。

例如，如果本季节对下一季的业务预测与下一财年的实际业况没有差异，那么就可以从后续结果来评价说预测时的不确定性很低。反之，①如果预计下一个财政年度的商业状况良好，但有很多企业在下一个财政年度的商业状况实际上是不好的（“绝对预测错误”），反之亦然；②企业主要分为没有发展和不再恶化两大类（“预测误差方差”）时，则可以认为预测时的主观不确定性很高。“日银短观”的业况判断是“良好”“不太好”和“不好”三个选项中选一个。例如，如果预测是“良好”，而实际情况“不太好”的话，那么，不确定性计算为“－1”；如果预测为“良好”，而实际情况“不好”的话，那么，不确定性计为“－2”。（反之，实际业况比先前预测的更好的时候计为＋2、＋1）。并且，①是作为预测误差的绝对值之和，②是作为预测误差的标准偏差来计算的。

①的绝对预测偏差和②的预测误差方差看似很类似，实则具有完全不同的属性。直观地说，①无论向上还是向下，只要预测和现实不同的企业所占的比例大，其数字也大。打个比方来说，所有企业的业况都向上的情况下，其数字变大。与此相对，②是无论实际业况比预测的高还是低，企业多数字就大。所有的企业都向上时数字变小。不过，根据“日银短观”的数据实际计算一下就会发现两者的变化非常相似。

企业的不确定性和设备投资

图7－2分别显示了以这种方式测量的制造业和非制造业公司业务不确定性的近期变动。这里绘制了上述②的预测误差方差。从这个图表可以读取到一些特征。

首先，可以确认，在雷曼事件（2008年9月和12月）和东日本大地震（2011年3月）期间，事后预测误差评估的不确定性显著增加。其次，安倍经济学下货币宽松政策大胆开始实行时（2013年3月）和消费税上调之前（2014年3月），不确定性指数略高，但从时间序列来看，这是相对较小的变化。而且，21世纪中期所谓的“伊邪那美景气”的不确定性指标仍处于较低水平。第三，制造业和非制造业相比，纵观整个样本数据期间，

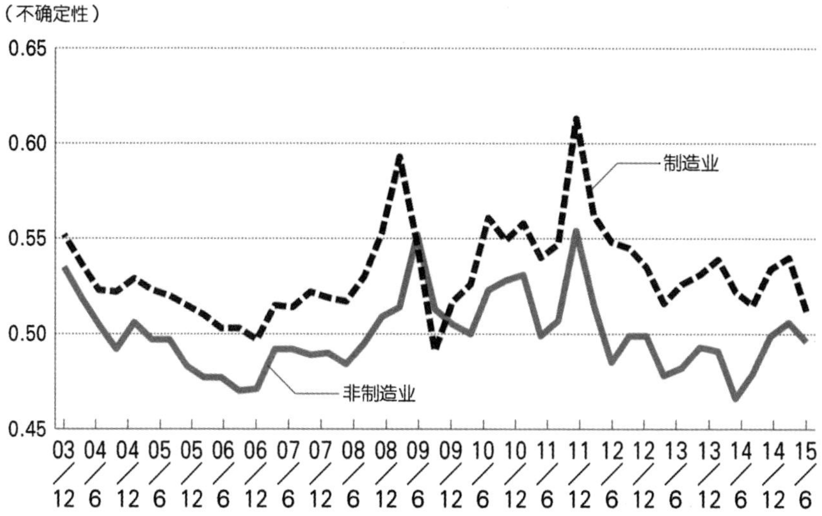

图 7－2　业况未来的不确定性

（注）根据“日银短观”定制统计结果计算。数字越大意味着业况未来的不确定性越高。有关计算方法的详细信息，请参见 Morikawa（2015d）

制造业业况展望的不确定性往往很高。两者的平均值差异即使经过统计检验，也存在显著差异。说明制造业总是受到海外经济波动和汇率波动的影响，而不仅限于雷曼事件那样的特殊时期。也可以说，结果与上述行业统计水平的生产指数的变动一致。

再者，采用设备判断、人员判断的数据，而不是业况判断的数据进行同样的计算，从设备和员工过剩的未来不确定性来看，设备判断和业况判断一样，制造业的不确定性远高于非制造业，但在人员判断时，两者之间的差异很小。而且，虽然制造业和非制造业在人员判断方面的不确定性均高于设备判断，但在非制造业中其差异特别大，说明非制造企业未来雇佣量的预测相对较难。并且，比较业况判断、设备判断和人员判断的时间序列，发现了和雷曼事件时不确定性增加等类似的模式。

其次，分析了这样预测的不确定性指标和设备投资计划之间的关系。例如，即便预测下一期的业况为“良好”，是基本相信这一预测还是怀疑结果会变“不好”，不同判断做出的投资决策也会不同。当行业前景具有高度不确定性时，关注的是资本投资计划倾向于向下修正还是在数量范围内。

由于影响设备投资计划的除不确定性外还有各种各样的因素，所以，评估不确定性指标的影响，是通过控制了前期比的本期业况平均改善度、下期业况预测的平均改善度、企业规模影响的回归分析来进行的。结果表明，无论是制造业还是非制造业，不确定性指标的系数在统计上均为有意义的负值，定量影响程度相同。如果业况的不确定性增加一个标准差，则设备投资计划将下调 3 ~4 个百分点。即使使用设备短缺代替业况的不确定性，得到的结果也大致相同。也就是说，无论是制造业还是非制造业，未来不确定性对于设备投资的影响都是不容忽视的。

“政策不确定性” 的负面影响

前面就影响业况未来不确定性的因素进行了抽象性的分析。近年来，经济学者们关注的焦点是“政策的不确定性”。在主要的几个国家，执政党和反对党之间的冲突导致政策停滞，还有的因政府更迭而经历了重大政策变化。

在美国，由于民主党和共和党的对立，屡次发生“财政悬崖”问题。在欧洲的英国、意大利等国家，随着政权的更迭，经济和财务管理的不确定性增加，欧元的信任危机至今还让人记忆犹新。在日本，受 2009 年大选结果的影响，政权从自公两党（自由民主党和公明党）转移到民主党，3 年后再次回归自公政权，税收制度、社会保障制度和劳动力市场等各种经济制度和政策发生巨大变动。其中，频繁的政权交替给经济增长率带来了很大的负面影响。实证研究结果也表明了这一点（Aisen and Veiga，2013）。

制度和政策的这些不确定性给企业和家庭，甚至经济整体的运作都带来了消极的影响。如果你无法预测游戏规则何时发生何种变化，那么你很难安心做出对未来的决定。

例如，如果在政策上不确定下一年将进行什么样的减税或增税，以及将进行何种公共投资，那么，企业就很难规划投资计划，极有可能推迟计划直到政策明朗。同样，当所得税和社会保障制度的未来不明确时，家庭为以防万一将增加储蓄，控制消费支出。这些制度的动态也会影响企业的招聘。

实际上，存在各种经济制度和政策，例如货币政策、财政支出、税收制度、劳动力市场制度和企业法规等。然而，什么样的政策不确定性高？什么样的政策不确定性将给经济主体的行动带来强烈的影响？这些问题，迄今为止的研究尚未阐明。

笔者单独对日本的上市企业进行了调查，针对以下问题进行了分析——企业认为什么样的制度和政策的未来是不确定的？什么样的制度和政策的不确定性对企业经营决策影响较大？哪种经营判断受不确定性的影响大？（森川，2013b）。虽然样本不多，只有约 300 家上市企业，但是这个研究第一次弄清了与各项经济政策以及政策前景相关的企业的主观不确定性。

什么样的政策不确定性高

在分析政策的不确定性之前，我先报告一下与企业销售额前景的不确定性相关的调查结果。具体而言，是针对各企业未来三年销售额增长率（%）的预测值及其可靠性的调查结果。对销售额前景的预测，相对于非制造业，制造企业的主观不确定性高，约占 30%（即预测的可靠性低），与非制造业有明显差异，反映出制造企业更加关注全球经济趋势以及国内外经济状况（如汇率波动等）的不确定性这一事实。这也符合第 1 节中介绍的制造业的生产活动和商业波动性高于服务业的情况。

其次，关于经济环境的不确定性，笔者针对（1）全球经济增长，（2）汇率，（3）利率，（4）股票价格（股票市场条件），（5）财政赤字，（6）电力能源价格，（7）与外国的外交和贸易关系这七项内容，调查了①前景的不确定性（不透明感）程度，②前景不确定性对经营的影响。①②都是三选一。①的选项为以下三项：“非常不透明”“有点不透明”“没有什么不透明”。②的选项为以下三项：“非常有影响”“有些影响”“没有什么影响”。

结果显示，前景不确定性高（①）的排名结果是：与外国的外交和贸易关系、电力能源价格、财政赤字、汇率、全球经济增长。其中，非制造业财政赤字的主观不确定性高于制造业，除此之外，都是制造业的主观不确定性更高。关于这些经济环境对企业经济的影响（②），总体而言，“对制造业影响大于非制造业”的比例更高，反映出制造企业受全球经济环境（如全球经济和汇率等）的影响强烈这一事实。

关于经济制度政策的不确定性，笔者针对（1）税收制度，（2）社会保障制度，（3）营业执照制度，（4）劳动力市场体系，（5）环境法规，（6）土地使用法规和建筑法规，（7）消费者保护法规，（8）企业法制和企业管治，（9）通商政策这九个领域的问题，做了和经济环境的不确定性同样的三选一问卷调查。回答税收制度的企业最多（不到50%），其次是通商政策和环境法规（约30%），接着是劳动力市场制度、企业法制和社会保障制度（约20%）。

比较制造业和非制造业，观察到许多明显的差异，见表7－2列（1）。关于主观不确定性，通商政策、环境法规方面是制造业高，而社会保障制度、劳动力市场制度、营业执照制度、土地利用和建筑法规、消费者保护法规等方面是非制造业高。

表7－2　政策的不确定性及其对经营的影响

	（1）不确定性（%）		（2）对经营的影响（%）	
	制造业	非制造业	制造业	非制造业
税收制度	14.4	12.6	50.0	43.7
社会保障制度	36.0	42.7	19.5	20.0
营业执照制度	5.2	10.3	13.6	17.7
劳动力市场体系	9.2	13.2	22.1	25.0
环境法规	17.7	12.5	35.1	19.1
土地利用和建筑法规	2.6	7.4	5.9	16.2
消费者保护制度	3.3	8.9	3.3	16.9
企业法规	7.2	12.5	22.9	22.2
通商政策	56.6	43.4	41.2	17.8

（注）根据“关于日本经济前景和经济政策的问卷调查”（2013年）结果编制。回答“非常不确定”或“非常有影响力”的公司百分比。

政策的不确定性对经营的影响

关于政策不确定性对经营的影响程度，总体而言，制造业高于非制造业，见表 7－2 列（2），特别是通商政策、环境法规和非制造业的差距很大。另一方面，消费者保护法规、土地利用和建筑法规等对经营的影响，非制造业大于制造业。而税收制度对经营的影响最大，不管是制造业还是非制造业。研究结果表明，政府对未来税收制度的明确预测有可能在积极促进企业经营方面发挥重要的作用。

关于不确定性高的制度和政策，8% 的企业（全样本）列出了营业执照制度，16% 的企业认为许可证制度对经营有非常大的影响，两个数据都低。虽然放松管制作为增长战略的重点课题被频繁提及，但从企业经营的角度来看，比起单个商业法规，税收制度、社会保障制度、环境法规、劳动力市场体系之类跨行业体系以及全球经济结构的影响更大。消除这些主要制度的不确定性对做出准确的经营判断尤为重要。

关于受政策不确定性影响大的经营决策，以“政府的法律或政策及其运用方针的前景不透明性和不确定性，对贵社的经营决策影响较大的事项是什么?”为题进行了问卷调查。选项如下：（1）设备投资，（2）研发投资，（3）IT 投资，（4）广告宣传活动，（5）海外扩张和撤离，（6）重组（并购等），（7）正式员工的聘用，（8）非正式员工的聘用。最多只能选择两项。

调查结果如表 7－3 所示。约三分之二的企业选择了设备投资，近半数的企业选择了海外扩张和撤离。选择正式员工的聘用和重组的企业也比较多。令人意想不到的是，选择研发投资和 IT 投资的很少。不过开展研发和 IT 投资的企业本身就比设备投资的少，绝大多数都是设备投资。从行业来看，制造业中选择设备投资、研发投资、海外扩张和撤离的企业比率高，而非制造业中选择重组、正式员工的聘用的比率相对较高。这一情况表明，政策不确定性对长期投资（经济战略上极其重要）的负面影响很大。

表7－3　政策不确定性影响大的管理决策

	(1) 全行业 (%)	(2) 制造业 (%)	(3) 非制造业 (%)
设备投资	65.9	71.7	59.3
研发投资	14.6	21.7	6.7
IT 投资	4.5	2.0	7.4
广告宣传	3.5	1.3	5.9
海外扩张和撤离	47.0	59.2	33.3
重组（并购等）	24.0	16.4	32.6
正式员工的聘用	27.5	19.1	37.0
非正式员工的聘用	11.8	8.6	15.6

（注）根据“关于日本经济前景和经济政策的问卷调查”（2013年）结果编制。表示认为对管理决策产生重大影响的公司比例。由于可选择两个以上，所以总数超过100%。

上述结果表明，提高制度和政策的可预测性才能改善企业的设备投资、员工招聘，从而稳定经济。特别对服务业而言，改善社会保障制度和劳动力市场法规等与就业相关的制度前景，对引导企业采取积极行动至关重要。

3. 关注服务价格：通货紧缩和服务价格

服务价格波动小

从20世纪90年代后半期开始的通货紧缩已长达二十多年，如何从中摆脱出来依然是日本宏观经济政策的重要课题。在前两节中，我们指出，与工业产品的生产波动相比，服务业的生产周期性波动相对缓和，服务业的未来不确定性低于制造业。正如我们在下面要谈到的那样，服务的价格波动也比商品小得多。

根据1998至2015年（被认为已进入长期通货紧缩）“消费者物价指数”（CPI）（总务省）的月度数据计算同比的波动率（标准差），商品价格为 1.7%，服务价格为 0.6%，服务价格波动约为商品的三分之一。在此期间，CPI 的平均同比增长率为 0.1%，服务为 0.2%，均接近于零。不是平均增长率差异的影响，而是纯粹的可变性差异。从同期的“企业商品价格指数”（CGPI）和“企业服务价格指数”（SPPI）（均来自日本银行）来看，与去年同期相比，商品（CGPI）波动率的标准差为 2.5%、服务（SPPI）波动率的标准差为 1.3%，由此也可以确认服务价格的波动性低。

这个事实是作为“服务价格的黏性”来讨论的。Tsuji and Watanabe（2002）按行业估算了菲利普斯曲线并比较了价格的黏性。结果表明，制造业与服务业存在显著差异，服务业平均价格修正间隔超过 7 个季度，价格比制造业更具黏性。才田等人（2006）、才田和肥后（2007）也采用“零售价格统计调查”（总务省）数据进行了分析，指出商品价格黏性低，服务业价格黏性高。而且，自 20 世纪 90 年代以来，商品的价格黏性下降，而服务的价格黏性却有所上升。可认为价格黏性和生产成本中所占的劳动力成本比率、重新定价成本以及企业的价格策略等有关。

在上一节介绍的森川（2013b）中，不仅对销售额，对销售价格前景的不确定性也做了调查。具体提出的问题是：“您对贵公司代表性产品和服务在 3 年后的销售价格作何预测？”结果表明，制造业和非制造业的差异虽然没有销售额的不确定性那么显著，但制造业销售价格的不确定性（标准差）比非制造业高 0.5%。企业的主观价格预测也证实了服务价格的黏性。

摆脱通货紧缩的关键——服务价格的动向

我们再来仔细看看消费者物价指数的动向（见图 7－3）。虽说长期通货紧缩，但期间也有好几次 CPI 增长率为正的情况。这个图只显示了商品和服务的动向，商品和服务的指数几乎合在一起的时间主要是在 2004 年下半年、2006 年下半年。2007 年底到 2008 年底同比有所增长。特别是 2008 年中期，受资源价格暴涨的影响，上升了 2% 左右。但是，把商品和服务分开来看，那个时期服务价格也是持续处于接近零的状态。

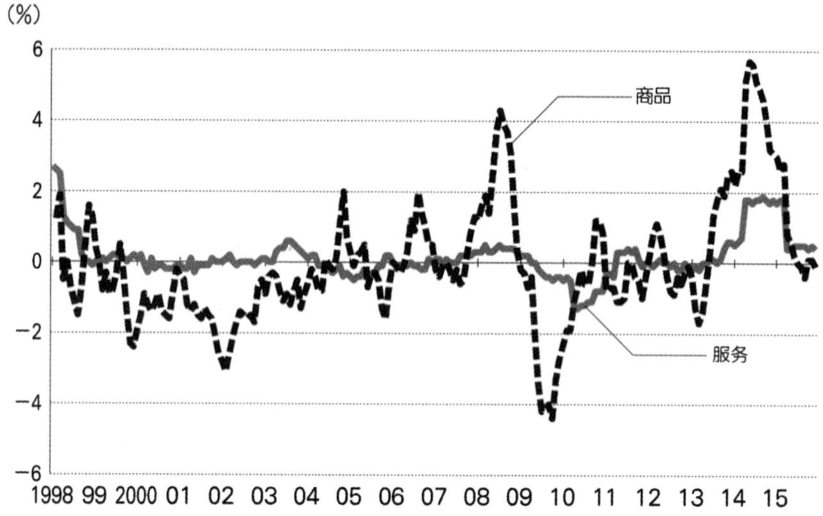

图7－3　商品和服务价格（同比变化）

（注）根据“消费物价指数”（总务省）编制。同比变化用（%）表示。

再往前追溯一下，1998年长期通货紧缩发生之前，由于日元升值和进口原材料价格下降的影响，商品价格有时为负，但服务价格始终为正。服务的劳动投入比率高于商品，因此服务价格与工资密切相关。关于2015年企业服务价格指数（SPPI）的增长，有人指出其理由在于劳动力短缺和日元贬值带来的观光服务的复苏。

在全球经济趋势下，原油价格等初级产品的市场状况以及汇率呈现波动，预计未来商品价格将产生相对较大的变动。因此可以想见，要摆脱通货紧缩，关键在于能不能保持服务价格的上升趋势。

这一点也与价格指标的选择有关，价格指标是货币政策决策的前提。在货币政策实践中，强调不包括新鲜食品或能源的“核心通胀”而非CPI综合指数。从理论上讲，有研究表明，以低波动性的稳定价格作为货币政策的目标是可取的（Aoki，2001）。

例如，作为一项实证研究，Peach et al.（2013）提出了一种方法，在预测美国通货膨胀时，分别估计和组合商品与服务价格上涨率的决定因素。

据此，商品通胀率取决于短期通胀预期和进口商品价格，而服务通胀率取决于长期通胀预期和劳动力市场疲软。其原因在于工业品价格高度依赖于全球经济等外国因素，而服务价格则与国内需求密切相关。这表明服务价格的变动在判断是否摆脱了通货紧缩的基本方面非常重要。

自 2014 年 4 月起，掌握实际情况有点困难，因为它包括将消费税率从 5% 提高到 8% 的后果。“安倍经济学”引发了大胆的货币政策，与此同时，日元贬值的影响仍在继续，自 2013 年下半年以来，商品和服务的价格同比持续增长。2015 年 4 月以后，消费税率上升趋势逐渐削弱的同时原油价格下跌，受此影响，CPI 增长率重新降至零。但是，就像我们从失业率仅为 3%，有效招聘比例约为 1.2 这个数字所看到的那样，劳动力的供求一直处于紧绷状态。从工资看，兼职工人比例上升和转为全职工作的趋势导致了同比增长的趋势。如果这种情况继续下去，可以预想在不久的未来就可以摆脱持续的通货紧缩。

再则，如第 2 章所述，包括医疗服务在内的服务价格往往偏向上升，因为质量改善被低估了。虽然和去年同月相比，这个问题在短期内不会变成一个大的问题，但是，在判断能否摆脱通货紧缩时必须给予足够的重视。

4. 服务业利用率的重要性

生产力的经济同步性

下面我们来看看服务行业利用率的重要性，包括其与生产力的经济同步性之间的关系。众所周知，无论是宏观层面还是行业层面都存在生产率同步性，即在经济扩张阶段测量的生产率（索洛余量）高，经济衰退阶段低。

自 20 世纪 90 年代以来，大量研究都在质疑实际商业周期（RBC）模型的有效性，该模型认为技术冲击（TFP）的波动是商业周期的根本原因。这些研究结果表明，劳动力和资本的利用度——生产要素的利用率是生产率与经济同步波动的主要原因。并且纯技术冲击的波动小（Burnside et al.，1993；Basu，1996；Burnside and Eichenbaum，1996）。例如，在日本，Kiyota（2010）采用企业层面的数据进行了分析，结果显示生产率和经济波动之间存在正相关关系。

需求波动时，机械设备和店铺等资本存量无法快速调整。而且，虽然通过调整加班等工作时间，可以在短期内对劳动投入进行一定程度的调整，但难以增加或减少超过该数量的工人数量，所以，企业要做劳务储备。

在衡量生产率时，往往会调整资本利用率，但是，事实上总会产生无法通过利用率指数来衡量的资本利用度和劳动强度的变化。针对日本的实证分析还表明，包括劳动力储备在内的生产要素的利用率是生产率同步的重要因素（Vecchi，2000；川本，2004）。

许多服务行业因“生产和消费的同时性”而受到制约，而制造业却可以通过库存来做缓冲，在一定程度有效保持了生产要素的利用率。批发和零售业虽然也持有库存，但并非是销售活动这一服务本身的库存，所以，服务业比制造业更有可能测量生产率的经济同步性。

很少有研究关注服务业生产率的经济同步性，其中，Inklaar（2007）对美国和主要欧洲国家进行了行业特定分析，结果显示，生产率的经济同步性在服务业表现得尤为明显。笔者以日本的个人服务业为对象，从生产企业层面进行了分析，结果表明，需求（亦即生产）波动越大的生产企业，测得的 TFP 越低（森川，2014a）。

提高服务业利用率的重要性

这些研究都证明了一个事实，那就是——对于服务业来说，利用率是一个非常重要的经营指标。经常用于说明的美发美容业就是一个通俗易懂的例子。换句话说，由于美发和美容服务中没有库存，即使可以提供服务，如果客户不来，则产量为零。因此，利用率的波动极大地影响了对服务业生产性的计量。

传统的生产力测量，其对象是制造业，所以修正设备利用率被认为是最理想的方法。但从服务管理的角度来看，利用率——例如酒店入住率、航空运输业的座位占用率以及出租车的实际出车率等是影响业绩的重要指标，即关键绩效指标（KPI）。在服务业，提高利用率与盈利能力和生产率直接相关。

近年来，IT对提高生产率的贡献引人瞩目（见第3章）。在美国，20世纪90年代中期之后，流通业、运输业、金融业这些“IT利用业”享受到IT革命的成果，生产率大幅提高。以运输业为研究对象的海外研究证实了IT利用对服务利用率具有极大的促进作用。

例如，在物流行业中，可以通过使用IT尽可能避免小负载的运输，并始终确保一定的负载。Hubbard（2003）分析了IT对美国卡车运输业的设备利用率带来的影响，结果表明，配备先进车载电脑（on-board computers：OBCs）的卡车的利用率提高了13%，使整个卡车运输业的利用率提高了3.3%，有助于提高劳动生产率。

在旅客运输业，通过网络预约和根据需求量对运费进行灵活调整，尽可能地减少了空座率。许多人都谙熟的折扣门道，如提前预订或发车前购买等，可以说都是为提高上座率在价格上下的功夫（收益管理）。Dana and Orlov（2014）分析了网络普及对美国航空业上座率提高带来的影响，指出城市的网络普及率提高2倍，飞机上座率就提高约6%，IT的普及对航空业上座率的提升发挥了巨大的作用。

在海外急速发展的轿车共享服务（乘车共享），优步比一般出租车的出车率高30%以上（Cramer and Krueger, 2016）。原因在于IT提高了驾驶员和乘客的匹配率，大型企业带来了大规模的网络效率，以及对高峰和非高峰期的服务供给的灵活调整等。

这些结果意味着IT对服务业的生产力效应，通过提高利用率产生了很大的影响。在服务行业，使用IT进行详细的价格调整和需求控制非常重要。最近颇受关注的共享服务，在闲置容量的有效利用这一点，其本质是类似的。

外国游客和客房入住率

我们在第6章也谈到过旅游业和日元汇率贬值之间的关系，随着外国游客的激增，日本住宿业的客房入住率大幅上升，2015年外国旅客的入住人数达6 695万人，占总入住人数（包括日本人）的13.2%。城市酒店和商务酒店的客房入住率超过75%，所有的数据在4年间都提高了10%。这种形势下，最近住宿预约变得越来越困难。

如果没有客人，宾馆或旅馆客房所有的设施都会闲置浪费，所以，客房的入住率对住宿业的生产率和收益率影响很大。出于这个原因，住宿业致力于通过每周和特定季节的价格调整来提高入住率，但很难完全平衡。对住宿业而言，外国游客增加的优势不仅在于入住增加这种数量效应，还在于需求的时间模式和日本客人不同。

如果外国游客的住宿模式和日本人相同，单是住宿人数增加的话，就必须增加服务设施以满足高峰时期的需求，从中长期来看将势必给设施利用率带来负面效应。不过，日本人的观光旅行一般都集中在3连休这样的国定假日，而外国游客的休假模式完全不受其影响。并且，从季节来看，日本游客主要集中在8月，而外国游客分散在4月、7月、10月这几个月，各自入住的高峰期不同。

因此，通过需求多样化效应，外国游客的增加将对平均入住率产生额外的积极影响。这是因为即使平均客人数量保持不变，如果日本人和外国人的需求波动被平衡，入住率也会增加。

笔者采用“住宿旅行统计调查”（观光厅）对不同都道府县的不同住宿设施（旅馆、度假酒店、商务酒店、城市酒店等）的调查数据进行了推算，结果发现，即便总入住人数一定，如果外国游客入住率上升1%，住宿设施的客房入住率就平均提高0.3%（森川，2015e）。

这个公布的统计数据里没有劳动者人数的信息，不能直接计算劳动生产率和TFP。但是，可以大概推算出客房入住率的变化对生产率的影响程度。这个计算依据以下两个方面：①住宿服务生产中劳动和资本的分配率，

②针对入住率变化的劳动投入量的调整速度。从“产业关联表”来看，住宿业的资本分配比例仅略高于 30% 。

在这里，如果根据客人数量的变化调整劳动力投入，则客房入住率增加 0. 3% 将使测量的 TFP 增加 0. 1% 。反之，即使入住人数发生变化（增加或减少），但员工人数及其工作时间保持不变，随着员工利用率的上升，客房入住率上升 0. 3% 将导致 TFP 上升 0. 3% 。

事实上，虽然负责客房服务的人数和工作时间可以根据入住人数做适当的调整，但即使无人入住，维护管理部门的劳动投入量也没有多大变化，所以，实际数据介于两者中间。根据“访日外国人消费动向调查”（观光厅）的计算结果，外国游客在日本的消费支出中住宿费用约占三成，其余七成用于购物（四成）、餐饮（约两成）、交通（约一成）。以上主要是围绕住宿业在展开叙述。其实，零售业、饮食业、旅客运输业等行业也因外国游客的增加而大受裨益。说明在服务经济发达的今日，外国游客的增加不仅具有增加日本国内服务出口这样的需求创造效应，而且，从提高服务业生产率的角度来看，也有助于振兴日本经济。

5. 了解服务业经济的重要性

关注服务业经济指标

第 1 节中，我们通过和制造业的比较概述了服务业的波动性。正如叙述的那样，服务业生产和设备投资的波动性低于制造业，服务经济有助于商业周期的稳定。虽然波动性较低，但服务业在整体经济中所占份额很大，从贡献度来看，对经济整体的影响不可小觑。图 7 －4 根据“全行业活动指数”（经济产业省），显示了工业和第三产业对整体经济变化（同比变化）的贡献。

全球经济危机和随后的复苏时期最典型，但在发生重大冲击时，制造业的贡献很大。另一方面，21 世纪 00 年代中期的“伊邪那美景气”时期以及 2012 年之后相对稳定的时期，第三产业的贡献相对重要。当然，对于

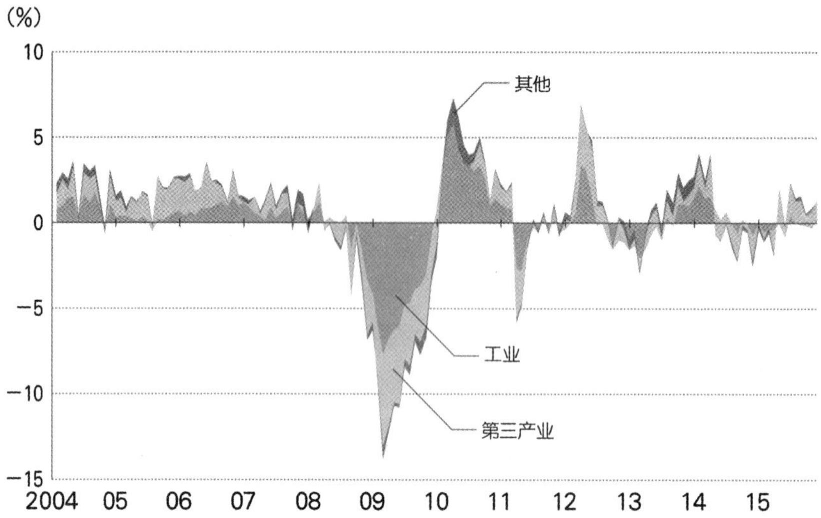

图 7－4　全业活动指数变化的要因分解

（注）根据“全行业活动指数”（经济产业省）编制。变化率及贡献度是原始数据的上一年同月比（%）。

经济判断来说，仔细关注制造业仍然很重要，制造业受到海外经济的强烈影响，并具有较大的周期性幅度。然而，在经济服务化发展、平均经济增长率下降的今天，有一点很明确，那就是必须更加关注服务业的经济趋势。

完善和利用月度服务统计数据

各国都意识到完善服务统计数据的必要性。在美国，人口调查局于2004 年推出季度服务趋势调查。劳动省统计局（BLS）试图扩大生产者价格指数（PPI）中的服务价格覆盖范围。由此，服务部门的动向把握得以改善，初步 GDP 值的准确性也得以提高。但服务领域统计方面依然遗留着很多需要解决的课题，例如如何进一步扩大覆盖范围等（Landefeld et al.，2008）。

日本很早就指出了完善服务统计数据的必要性。近年来，在《经济财政运营与机构改革基本方针　2006》强调指出彻底完善服务统计数据的必要性之后取得了重大进展。机构统计领域开始了“经济普查”（总务省）。如 2009 年开始的“基础调查”和 2012 年开始的“活动调查”。月度统计方面，2008 年做了“服务业动向调查”（总务省）。

各个行业的各部门统计数据中，“特定服务业动态统计调查”（经济产业省）一直在逐步扩大目标行业。本章第 4 节利用的“住宿旅行统计”（观光厅）的调查对象之前只是员工 10 人以上的住宿设施，2010 年之后虽然是抽样调查，但覆盖了所有设施（包括员工不足 10 人的住宿设施），可以比以往更加精确地把握外国游客的动向（它对于日本的经济趋势分析越来越重要）。

进行经济分析的基础资料越来越完善。最近在各国盛行尝试利用大量 POS 数据来实时把握每日价格趋势，许多之前通过官方价格统计数据无法理解的事情也变得清晰起来。由于数据的性质，到目前为止，零售店销售的商品价格一直是焦点，服务价格的覆盖范围有限。

正如我们在第 3 节中看到的，在判断价格波动的趋势（例如摆脱通货紧缩）时，准确掌握服务价格的变动非常重要。这一点上，服务价格信息（包括诸如信用卡信息的利用之类）的大数据的收集和利用是一个亟待解决的课题。今后，必须充分利用和服务业相关的月度政府统计和大数据来完善包括服务业在内的经济趋势分析。

第 8 章　服务经济下的政策问题

本章将基于前面各章的介绍对服务经济形势下的政策课题做一个概述。

服务产业和经济社会的整体结构密切相关，搞活服务产业，必须从劳动力市场政策、城市政策、通商政策等各方面采取相应的对策。特别要重新审视妨碍地理性新陈代谢的制度，当效率和经济增长与别的社会价值之间存在权衡的必要时，必须妥当制定政策，减少和未来制度政策相关的不确定性。

并且指出必须基于数据来制定服务政策，这里所说的数据，政府统计自不必说，各政府机关的业务统计也包括在内。

服务业是增长战略的核心

过去 20 年间，日本经济的实际增长率的年均增长率为 0.8%，低于 1%。根据经合组织的估算，同期日本的潜在增长率平均年率为 0.8%，和实际的增长率一致。这一事实告诉我们，过去 20 年间日本经济低增长的主要原因在于供给方面的潜在增长率低下，而非需求不足。

此稿撰写时，日本的完全失业率高于 3.0%，创 1997 年以来的新低。而有效工作机会比率超过 1.2 倍，创 1992 年以来的新高。从代表性的商业调查“日银短观”（日本银行）和“企业业务预测调查”（内阁府，财务省）来看，无论企业规模或行业如何不同，员工人数最近都处于“短缺”

的状态。特别是在非制造业，四年多来一直处于雇佣不足的状态。

当然，随着经济的波动，不能保证一种状态一直持续，但总体来说处于一种充分就业状态。然而，自 2013 年 10 月至 12 月有效工作机会比率超过 1 时，实际经济增长率几乎为零。虽然其间存在 2014 年 4 月消费税率上调后大幅负增长的影响，但同一期间也存在因之前的急需所带来的上扬。

如果潜在增长率足够高，即使消费税率有所增加，在一定的充分就业期间也不会呈现如此低的增长率。换句话说，当前的日本经济接近供给力的上限，并不是“经济不好”，而是“增长能力弱”。因此，除非提高潜在增长率，否则几乎不可能提高经济增长率。

毫无疑问，提高服务业生产率是提高潜在增长率的核心。原因在于以下两点：（1）在劳动力人口下降的情况下，如果没有提高生产率，就不可能维持资本积累扩大所带来的增长；（2）服务业占经济的 70% 以上。也就是说，服务业可视为振兴日本经济的先驱。

这样的认识逐渐影响到政府部门，在《日本振兴战略》和《经济财政管理和改革的基本政策》这样的安倍经济增长战略中，也开始把提高服务业生产率定位为经济政策的支柱之一。在这样的形势下，之前很少接触生产率这一观念的政策制定者们，也开始越来越多地思考“什么是生产率”“如何提高生产率”等问题。

政府提出了将服务业劳动生产率提高 2% 的目标（《服务业挑战计划》，行业竞争力会议）。而企业是如何看待其实现的可能性的呢？

最近，笔者在对日本公司的一项调查中，询问了该数字目标实现的可能性的百分比（森川，2016d）。结果显示，3 000 多家企业对此回答的平均值为 33%，制造业和服务业之间几乎没有差别。认为实现的可能性超过 50% 的企业仅 10%。也就是说，日本企业认为服务业的生产率很难提高到政府提出的目标值。虽然本书一再说服务业生产率还有很大的提升空间，但事实上，为此要克服的障碍也不少。

各章的政策含义

关于提高服务业生产率的课题，前面各章已经进行了相关论述，在此我们围绕政策含义再次简单地梳理一下。

第 1 章概述了服务经济的实际情况。不仅服务产业的经济份额扩大了，随着全球增值链的深化，制造业的服务化也得以发展。知识和技能密集型商业服务和总部职能管理部门的质量决定了制造业的国际竞争力。既而指出：在出生率下降和人口老龄化的情况下，需要将劳动力平稳地转移到需求增长高的行业；这种不断增长的服务业生产率的提高对宏观经济有着极大的潜在影响。

第 2 章对日本服务业生产率低这一普遍看法的正确性进行了实证分析，结果表明，虽然还有许多必须保留的地方，但生产率的提升空间很大。提高服务业生产力的宏观经济效应在数量上多于经常提到的增长政策（如降低公司税率、TPP 协议以及提高女性和老年人的劳动参与率等）。具体论述还包括“规模经济”与“范围经济”的优势利用、市场新陈代谢的激活、“经营质量”以及企业管理机制的作用。服务业企业规模经济效应的存在和优秀企业的连锁发展有利于生产率的提高。最后指出了激励性薪酬体系等鼓励承担风险的企业管理机制的重要性。

第 3 章表明，虽然在服务业的正式研究中开发投资比制造业少，但是创新服务企业的生产率非常高。而且，无形资产投资中的“市场失灵”比商业秘密的法律保护作用和设备投资更为突出，政策支持有利于无形资产投资。现有的税收和政策融资偏向于制造业和设备，需要将政策资源重新分配给经济重要性不断增加的服务业和无形资产的投资。在全面降低（最近在税制改革中实施的）企业税率的同时，减少与设备投资相关的特殊税收措施——这样的组合被认为是服务经济下的合理方向。更为根本的是建立一个培养更多高技能员工的教育体系，促使人际网络形成的环境治理愈发重要。

第 4 章首先叙述了以下两点：①服务业存在许多女性和非正式员工，这一点和“工作两极化”的问题密切相关；②生产力的提高对工资的持续增长至关重要。本章强调人力资本质量的提高是一个本质性的政策课题。作为具体政策措施，可以有学校教育整体（包括研究生院）质量的提高以及对企业教育和培训投资的政策性补贴。然后从地域劳动力市场的视点指出，要提高集聚经济发挥巨大作用的服务业生产率、增加女性就业、恢复婴儿出生率，就要充分利用远程办公，创新城市交通，完善大城市的保育服务。

第5章谈到服务业拥有超过制造业的集聚优势，在日本总人口减少的背景下，必须追求空间的“选择和集中”。促进劳动力和资本从煤炭工业和纺织工业等夕阳产业，转移到机械工业和电子工业等朝阳产业的协调援助政策是一项长期实施的产业政策。在具有强烈的都市性产业性质的服务业，各行业之间的资源再分配必然伴随着地区之间的新陈代谢，灵活处理土地流动和资源再分配的政策尤为重要。具体包括加速紧凑城市的形成，平衡影响人口移动和企业选址诸制度，完善大城市中心部的基础设施以及对老化基础设施的维护，通过提高容积率实现土地利用的高度化，合并集中地方自治体等。

第6章指出，服务业在全球的急速发展，特别是在全球增值链（GVC）深化的背景下，从商品贸易中体现的服务投入来看，先进国家在知识技能密集型服务方面具备优势。在任务层面的这种比较优势模式下，知识密集型商业服务的进步和总部各部门的职能强化，是获得GVC大部分附加值的关键。尽管日元疲软，商品出口增长缓慢，但旅游等服务出口稳步增长，通过《服务贸易总协定》和持久授权书的服务贸易自由化和便利化为日本经济带来好处。本章最后指出了减少国际人员流动障碍和为日本国际学生提供日本就业机会的重要性。

第7章概述了服务经济与经济波动之间的关系，指出判断是否通货紧缩在于关注服务价格的趋势，以及使用月度服务统计数据进行经济分析的必要性。由于服务企业比制造企业更担心社会保障体系、劳动力市场体系、消费者保护体系以及土地使用和建筑法规的未来不确定性，应减少这些制度和政策的不确定性。减少这些系统和政策的不确定性对于改善环境以吸引公司积极投资和促进服务业的发展也很重要。

服务领域的监管改革

要采取有效的政策，就必须基于实证数据判断什么有效什么无效，如果有效，在数量上有多大的影响。说到促进经济增长的举措，通常指的是企业税率的下降，TPP 等自由贸易协定以及女性和老年人的劳动参与度增加等。但是，正如我们在本书中所看到的那样，提高服务业生产率，其潜在影响远远超过这些举措。

由于服务业与整个经济和社会的结构密切相关，通过传统的补贴政策，如个人服务业的补贴和政策税制，很难实现宏观经济影响下的生产率提高，应该从广阔的视角，不断改变经济社会的基本制度，使之适应服务经济时代。

当然，个别服务行业面临许多挑战，例如服务业的所谓“岩石（指既得利益）监管”改革，包括医疗、护理、教育和儿童保育等强有力的公共监管，或许大家易于理解。

市场准入法规和价格法规是典型的公共法规，其制度设计首先影响企业和个人行为，最终影响生产率。这是因为市场竞争本身可以提高管理的质量和生产率，并通过新陈代谢提高整个行业的生产力（见第 2 章）。

服务业许多资格制度的来源是第二次世界大战后形成的社会规则，现在可能对服务和劳动力市场的效率产生负面影响（见第 4 章）。最好是根据技术进步和经济环境的变化来预测资格系统，例如扩大资格系统所涵盖的职业工作范围以及从许可系统切换到认证系统。

此外，如育儿服务和护理服务的例子所述，如何设定地区之间的价格差异对整个日本服务业的生产率也有重大影响（见第 4 章）。换句话说，在公共价格体系和工资制度中，区域差异往往较小，因此，它们往往偏离市场的空间均衡，从而导致公共服务的地理偏差，对整个日本经济的生产率产生负面影响。

符合政策分配原则的政策组合

在服务经济时代，有必要全面重新审视看似与服务业生产率没有直接关系的制度，如土地和城市规划、土地使用监管、劳动力市场体系和企业管理制度等。然而，这些制度的形成最初并非是为提高经济效率或是发挥市场功能，而是为了社会监管。因此，改变它们往往需要在效率和生产率提高之外的价值观（政策目标）之间进行权衡，例如公平、就业稳定和均衡的区域发展。

正如在多处已经讨论的那样，如果在多个政策目标之间进行权衡，最好根据“政策分配原则”进行政策组合，针对每个政策目标制定直接有效的政策措施。因为在政策制定的过程中，往往存在一种政策措施负责实现多个政策目标的趋势，这种时候，常常出现政策制定本身停滞不前，或针对任何一个目标都不完善的情况。

换句话说，如果有助于提高生产率和经济增长的政策和体制改革具有副作用，那么应该采用具有直接减少副作用的政策来对其进行补充。以劳动力投入的灵活调整与就业稳定性之间的关系为例，加强教育培训机会和完善安全保障体系是一项补充提高生产率的政策。此外，对于集聚经济的优势利用与抚养子女期间女性就业之间的权衡，在促进人口的地理流动的同时，应侧重于大城市地区，完善交通基础设施和托儿所。

另外，尽管本书没有进行充分论述，但个人信息保护系统、个人投资者保护法规等各种法规，也有可能阻碍服务行业的增长和生产率的提高。所以，这些法规和惯例也是需要在外部经济价值、生产力和效率之间进行权衡的问题。

科学的服务业政策

不仅限于服务业的政策，为了根据数据做出适当的政策选择，有必要尽可能定量地掌握政策效果。为此，必须完善数据并将其用于政策的预先评估和事后评估。在前面的章节介绍了一些海外实证研究，这些研究对日本的服务政策的制定和研究颇具参考意义。希望本书能有助于梳理服务经济学研究中的一些问题，形成一种基于数据的政策制定意识。

对于服务统计，很难说到目前为止已经分配了足够的政策资源，因此，经济学家的实证研究极端偏向于已有大量可用数据的制造业。这种情况不仅限于日本。但是，基于服务业统计方法的基本统计数据和一般统计数据在过去十年中有了很大改善。代表性的例子是结构统计的“经济普查”和动态统计的“服务业趋势调查”。而且，利用这些数据的实证研究也在逐渐增加。

除政府统计外，政府部门还有各种商业统计数据，服务业领域有很多此类数据。例如，执行商业监管的政府部门拥有大量机构和企业的信息，这些信息往往成为与调查关系密切的数据库。医院、护理设施、健康保险、学校等就是这样的例子。虽然一般研究人员难以使用这些数据，但这些宝贵的数据可有效利用来制定有据可循的政策。

就检验政策效果这个意义而言，不仅要结合政府统计数据和办公统计数据来分析，还要结合政策信息来分析。因此，不仅要收集政策制度的相关信息，还要收集政策对象企业和机构的相关信息，便于研究人员轻松获取。

分析方法上还存在许多尚未解决的课题。例如，TPP 等 EPA 的经济效应是政治家和政策实务者非常感兴趣的问题，但服务贸易自由化的经济效应不同于农产品和工业产品的关税减少以及数量限制的放宽，在分析上存在困难，尚不明确。

TPP 广泛协议后的新政府估算（2015 年），除关税外还包括投资和服务领域市场准入的改善效果。对于这个把关税以外的诸多因素也考虑在内的估算，笔者认为应该给予高度评价，当然，也不能否认这个事实：这个数字是基于一个相当大胆的假设，如进出口比率与生产率之间的定量关系等。

此外，衡量生产率时，如何根据服务类型（例如流通和金融）来定义输出仍然是一个难题。衡量服务部门以外的行政服务的生产率，和衡量公司总部职能管理部门的生产率一样，存在相当大的难度，期待优秀的研究人员在分析方法上的技术创新。

政策制定者与学者、研究人员之间的对话与交流

要形成基于数据的政策，政策制定者和研究人员都必须进行意识改革。政策实务要求针对每次遇到的具体问题在有限的时间内做出回答，日常工作非常繁忙。

并且，在最佳选择不明确时，多数情况需要在多个选项中选择其中相对还行的政策。但是，如果能跟随国内外理论和实证研究的进展，那么，极有可能规划制定出崭新的政策、避免效率低下的政策、减少和废除负面影响大的政策。

在我看来，经济学政策研究方法的一大特点在于——不仅要考虑政策的直接影响，还要考虑间接影响和副作用。提高服务业生产率的政策尤其如此，就像前面再三提到的那样，经常与其他社会价值观相冲突，必须基于非经济原因把握制度和政策的副作用。这一点在判断政策的利弊时尤为重要。

Kugler（2014）根据其离开大学担任美国劳工部首席经济学家的经历，讨论了劳动经济学研究与劳动政策形成之间的关系。它告诉我们，美国联邦政府内部制定政策时对数据的依赖到了令人惊讶的程度。文章指出，对政策规划制定者而言，最受限制的是时间，所以增加与学者、研究人员之间的交流极为重要。因为只有这些学者和研究人员才有足够的时间进行认真细致的政策分析。

人们常常批评学术界的学者和研究人员不关心现有政策。虽然也有不少以政策为对象的研究，但因为对现有政策没有吃透，所以这些研究没什么实质意义。

另一方面，这样的情况也不少，一些根本没有专业知识的所谓的专家学者，在评议会或媒体上被奉为座上客，抛出些不着调的政策评论。其实，现有政策中具有独创性的研究课题比比皆是，期待着优秀的研究人员积极

参与其中。在我看来，大多数在国外顶级期刊上发表的原创度高的学术论文，都是源于对政策强烈的关注和细致的观察。

至于服务业，其经济重要性不仅限于日本，在主要发达国家也是如此。因此，即使在海外学术期刊中，也有这样的印象，即在生产力分析、国际经济学和劳动经济学等许多领域，针对服务业的论文数量正逐渐增加。

日本的政策方面存在许多研究课题，如果一流的学者、研究人员立足于日本现有情况进行研究，势必吸引海外研究人员的关注。

政策制定者要提高自身的政策意识和技能，学者、研究人员要培养自己的政策涵养，二者同等重要。扩大官员和学者之间的交流对话对此将起到积极的促进作用。政府部门自身就是一个庞大的服务中心，提高其生产率的关键之一在于以数据为基础的政策制定发展到什么样的程度。

结束语

经济进入成熟阶段的日本，在老龄化、人口减少和全球化的背景下，如何才能避免陷入衰退的境地、保持活力呢?

日本的实际经济增长率在过去的20年间平均低于1%，目前的潜在增长率已降至0.5%。从劳动力供求情况可以明显看出，日本经济已接近供给能力上限，除非提高潜在增长率，否则难以提高经济增长率。每年都在制定新的经济增长战略，并提出各种政策菜单。

在这种情况下，必须关注占经济活动70%以上的服务业的生产力。这一理念已经开始渗透到政策领域。

随着全球增值链的深入，国际细分的流程和任务层面的比较优势决定了国家的贸易格局。因此，服务的投入已经成为制造业增值的很大一部分，服务部门的优劣开始左右工业产品的国际竞争力。纵观制造企业，不仅是制造产品，通过相关服务来盈利的情况也越来越多。

然而，以服务业为对象的经济分析滞后，特别是采用企业和事务所的微观数据来进行的实证研究仍然为数极少。要制定有效的方针政策，必须积累足够的数据。

关于经济服务化的实际情况和课题，本书概括了根据统计数据和具体案例观察到的事实，以及海内外研究成果（包括笔者自己的研究在内）。同时，对政策课题进行了广泛考察。它是一种产业结构理论，不仅关注生产力问题，而且关注服务经济。希望本书对从事服务业的经营以及参与经济政策规划的各位有所帮助。

本书的大部分是新写的，本身具有研究成果的特点，但分析部分是基于笔者所作的学术研究成果。大多数原始论文作为经济产业研究所（RIETI）的研究成果得以编制汇总。撰写这些论文的过程中，得到了藤田昌久所长以及RIETI的研究员、大学学者、经济产业省政策制定者等各位提出的许多宝贵意见和建议。

这里仅列举对本书中使用的原始论文给予意见的各位，他们是：青木玲子、荒木祥太、荒田祯之、安藤晴彦、五十里宽、伊藤新、上野透、大桥弘、小川诚、冲本龙义、小田圭一郎、金子实、川口大司、后藤康雄、小西叶子、小林庸平、近藤惠介、权赫旭、齐藤有希子、桥本俊诏、田村晓彦、张红咏、鹤光太郎、中岛厚志、中岛贤太郎、中田启之、奈须野太、根津利三郎、桥本真吾、浜口伸明、藤原一平、松永明、三浦聪、森知也、山内勇、山口一男、山城宗久、吉田泰彦、刘洋、若杉隆平、威廉·托尔贝克。还要感谢中岛厚志理事长以及经济产业研究所的各位日常给予的各种协助和支持。不过，为了慎重起见，特此声明：本书所有意见皆为笔者个人观点，并非笔者所属组织的观点。

本书撰写过程中，RIETI第一任所长青木昌彦先生去世。青木先生和那些日子与我每天都有交流的藤田所长有一个共同点，即他们都是世界级的理论家，并且对现实的经济社会和企业有着强烈的好奇心。能有机会接受两位顶级经济学家的教诲笔者不胜荣幸。

本书中，笔者自己研究采用的大多数数据，是政府统计的微观数据，如“企业活动基本调查”“特定服务行业实际情况调查”和“就业结构基本调查”等。在利用这些统计数据时，得到经济产业省调查统计小组、总务省统计局等负责政府统计的各位鼎力协助，在此深表谢意！此外，还采用了基于“日银短观”数据的定制统计结果的分析结果。利用该调查结果时，得到日本银行调查统计局相关人士的多方协助，非常感谢。另外，本书所依据的一些研究得到了科学研究经费（23330101，26285063，26590043）的支持。

笔者供职于一个名为 RIETI 的组织，该组织将学术和政策有机地结合在一起，接受来自经济产业省等政策制定者关于政策规划制定的各种咨询。这些工作对笔者本人来说，既可以了解政策现场最近的情况，又能给研究工作带来很大的启发。

在经济同友协会“服务业振兴委员会”负责人斋藤敏一先生的引荐下，笔者得以和委员会从事服务企业经营的各位交换意见，从经营实践的角度得到很多启发。并且，通过该组织和服务业相关的研究会，以松本昌义理事长为首的公益财团法人日本生产力总部诸君，为笔者提供了与各位优秀的实务家以及有识之士接触交流的机会。多亏上述从事经济政策制定和经济管理的各位，本书才得以顺利完成。

此外，本书是在日本经济新闻出版的田口恒雄编辑的提议下撰写的，从题目的确定到写作方法直至出版都得到田口先生不遗余力的支持，给予了很多明确的意见和建议，在此深表谢意。

笔者在两年前的一本书中总结了服务业生产率的分析结果，其中作为课题遗留下的许多问题得到进一步研究，其结果写入本书，例如服务企业创新、服务贸易以及服务企业的直接投资的相关分析等。此外，经济服务化和经济波动的关系分析也是基于新的研究成果。

尽管如此，依然存在许多亟需解决的课题。例如，关于医疗、护理以及教育等公共服务，虽然相关论述随处可见，但尚未发现采用微观数据的正式实证分析。另外，采用与企业·事业所与工人相关的数据进行生产率分析以及对政策效果进行事后评估，也是未来需要解决的主要课题。正如我们在本书中所看到的，服务业高度多样化，还需要对不同服务行业进行积累分析。

笔者打算对服务领域展开进一步的研究，包括以上提到的几个课题。同时，从政策研究机构服务业管理的角度来看，在鼓励优秀研究人员致力于服务业研究的同时，还要尽可能缩短学术研究与政策实践之间的距离，给基于证据的政策形成和原创性政策研究带来良性循环。

本书由于涵盖范围广，必定存在许多笔者没注意到的重要事实和数据以及之前从未见过的优秀研究成果，请各位不吝指教，以便用于今后的研究。

2016 年 3 月

森川正之

图书在版编目(CIP)数据

服务立国论/(日)森川正之著;魏海波,谭冰,关玲译.—桂林:广西师范大学出版社,2021.9
(世界知库/刘广汉主编)
ISBN 978-7-5598-3324-2

Ⅰ.①服… Ⅱ.①森… ②魏… ③谭… ④关… Ⅲ.①制造工业-服务业-研究-研究-日本 Ⅳ.①F431.364

中国版本图书馆 CIP 数据核字(2020)第 198780 号

服务立国论
FUWU LIGUO LUN

出 品 人:刘广汉
责任编辑:刘 玮
助理编辑:陶阿晴
装帧设计:李婷婷

广西师范大学出版社出版发行
(广西桂林市五里店路 9 号　邮政编码:541004
网址:http://www.bbtpress.com)
出版人:黄轩庄
全国新华书店经销
销售热线:021-65200318　021-31260822-898
山东新华印务有限公司印刷
(济南市高新区世纪大道 2366 号　邮政编码:250104)
开本:650mm×960mm　1/16
印张:15　字数:203 千字
2021 年 9 月第 1 版　2021 年 9 月第 1 次印刷
定价:58.00 元